Causeries à l'ashram

Satsangs de Swami Paramatmananda

Tome 2

Mata Amritanandamayi Center, San Ramon
Californie, États-Unis

Causeries à l'ashram
de Swami Paramatmananda – Tome 2

Publié par
Mata Amritanandamayi Center
P.O. Box 613
San Ramon, CA 94583
États-Unis

———————————————— *Talks 2 (French)* ————————————

Première édition par le Centre MA : septembre 2016

En France :
Ferme du Plessis
28190 Pontgouin
www.ammafrance.org

En Inde :
www.amritapuri.org
inform@amritapuri.org

Table des Matières

Obstacles sur la voie

Nous en sommes au verset 91 de Paroles d'Amma :

«Tout le monde dit qu'il suffit d'accomplir des actions (karma) mais, pour cela, la connaissance est indispensable. Sans la connaissance, il est impossible d'agir de manière juste. Seules, les actions accomplies avec shraddha nous mènent à Dieu. Shraddha est nécessaire. C'est le seul moyen de parvenir à la concentration. Bien souvent, nous ne réfléchissons qu'après coup à tout ce que nous aurions dû prendre en compte. C'est généralement lorsque nous avons déjà quitté la salle d'examen que nous pensons : 'Oh ! Il aurait mieux valu répondre ainsi.' A quoi bon y penser quand tout est fini ? Mes enfants, quelle que soit l'action dans laquelle vous êtes engagé, shrad-dha est nécessaire. Toute action accomplie sans shraddha est inutile. Un sadhak se rappelle les détails d'actions effectuées des années auparavant à cause de l'extrême vigilance avec laquelle il les a effectuées. Même s'il s'agit d'actions en apparence triviales, nous devrions nous y appliquer avec grand soin.

Ainsi, quand nous manipulons une aiguille, si insignifiant que soit cet objet, nous le faisons avec une grande attention. Car, sans concentration, nous ne pouvons pas l'enfiler. Un moment d'inattention en cousant et nous nous piquons le doigt. Nous ne laissons pas non plus traîner l'aiguille n'importe où car elle pourrait blesser quelqu'un au pied.

Un sadhak doit prêter la même attention à toute action, quelle qu'elle soit. Ne parlons pas en travaillant, afin de ne pas perdre notre concentration. Toute action accomplie sans concentration est inutile. N'ou-bliez pas le mantra japa en faisant votre travail. S'il s'agit d'un travail qui ne nous permet pas de faire le japa en même temps, priez avant de commencer à travailler : «Oh Dieu, c'est Ton travail que je fais. Donne-moi je T'en prie la force et la capacité de le faire. C'est grâce à Ta puissance que je peux travailler.» Celui qui parvient à garder le souvenir constant de Dieu, quelle que soit la tâche qu'il effectue, est le véritable karma yogi, le chercheur spirituel authentique. Dans la moindre tâche qu'il accomplit, il voit Dieu. Son esprit n'est pas fixé sur le travail, mais sur Dieu. Au départ, la vigilance extérieure est indispensable. Car sans vigilance dans notre comportement extérieur, il nous sera impossible de maîtriser notre nature intérieure.»

Nous examinons ici ensemble ces sept ou huit versets combinés car ils forment un tout.

Un des points essentiels est qu'il ne suffit pas d'accomplir des actions, karma, pour obtenir la réalisation du Soi, la béatitude divine ou même le véritable bonheur.

Le deuxième point, c'est que l'action (karma) doit être accomplie avec shraddha. Le mot shraddha signifie attention, soin. Et shraddha nous amène à la concentration. En outre, lorsque nous vivons avec shraddha, nous développons une grande puissance de mémorisation. Donc, lorsque vous agissez, faites-le avec un esprit entièrement concentré, non-divisé. Et pratiquez en même temps le japa. Et si la nature du travail ne le permet pas, prions Dieu avant de commencer, en Lui demandant d'être Son instrument. Celui qui suit fidèlement ces pratiques est un karma yogi. Bien que le corps d'une telle personne se meuve en ce monde, on ne peut pas dire qu'elle y vive, car son esprit est toujours fixé sur Dieu. Si nous ne maîtrisons pas la nature extérieure, bref, si nous ne sommes pas vigilants en tout, comment pourrons-nous jamais percevoir nos vasanas intérieures et les maîtriser ?

Karma associé à l'action

Dans ces quelques versets, Amma a résumé toute la science du karma yoga et, en fait, toute la voie spirituelle.

La plupart d'entre nous ne sont que des êtres ordinaires. Nous nous levons le matin, suivons notre train-train quotidien, certains méditent ou font d'autres pratiques spirituelles, puis nous allons travailler ou bien étudier pour ne rentrer que le soir, avoir quelques petites activités et enfin nous coucher. Telle est la vie de Monsieur tout le monde. Quel espoir y a-t-il donc pour des êtres comme nous de trouver la béatitude ou la paix intérieure ? Tout le monde ne peut pas rester chez soi pour répéter le mantra dix mille ou vingt mille fois par jour, méditer, faire des pujas, étudier les Ecritures, etc. Il faut bien s'occuper des questions de la vie matérielle.

Or s'il suffisait d'agir pour trouver Dieu ou la paix intérieure, le monde entier serait rempli d'êtres éveillés. Et ce n'est pas le cas. Nombreux sont ceux qui se proclament éveillés, mais la plupart ne le sont pas.

Amma nous dit donc que les actions (karma) ne suffisent pas. La connaissance est indispensable. Que veut-Elle dire ? Il s'agit d'agir de manière telle que notre esprit devienne paisible et pur. Comme il nous est impossible de renoncer à l'action dans notre vie quotidienne, il n'y a pas d'autre voie pour nous. L'essentiel est d'accomplir chaque action avec shraddha. Elle ne cesse de répéter ce mot et tous les mahatmas insistent là-dessus. Shraddha désigne l'attention, le soin apporté à l'accomplissement d'une tâche.

Souvenirs de Swamiji

Il y a déjà assez longtemps, environ treize ou quatorze ans, à l'époque où je vivais à Tiruvannamalai, il m'a fallu apprendre ces leçons de shraddha. En fait, je pourrais résumer tout ce que j'ai appris au cours de ces treize années par le mot shraddha : faire attention, agir avec soin. Par exemple la manière de faire une puja. Pendant environ dix ans, j'ai fait chaque jour une puja. Que je sois dans le train, en route pour un pèlerinage ou en train de servir mon maître, jamais je n'omettais ma puja. J'ai fait cela pendant de nombreuses années. Puis un jour mon maître exprima le désir de voir comment je faisais ma puja.

Je l'ai donc faite devant lui et il a déclaré :

«Mais tu ne regardes même pas la photo de Ramana pendant que tu fais la puja. Tu regardes le livre ou la cloche ou bien encore différents objets. Mais quelle shraddha as-tu donc ? Ce que tu fais s'appelle un rituel, un karma. Ce n'est pas une sadhana. »

Et il m'a donné les conseils suivants :

«Lorsque tu prends les fleurs, regarde chaque fleur, dépose-la aux pieds de Ramana et regarde les pieds. Quand tu allumes le bâton d'encens et que tu lui fais décrire des cercles devant la photo, regarde l'encens, puis regarde la photo. Imagine que Dieu sent réellement le parfum et regarde ses narines. Lorsque tu offres la nourriture, ne te contente pas de marmonner des mantras. Offre-la en portant la main jusqu'à sa bouche et imagine que Dieu mange la nourriture ! »

J'ai essayé et dès la première fois, j'ai obtenu une immense concentration. D'eux-mêmes, mes yeux se sont fermés à demi. Un sentiment d'amour envers l'objet de ma vénération est monté dans mon cœur. Au cours de toutes les années précédentes, je n'avais jamais rien éprouvé de tel et je n'aurais jamais ressenti cet amour si quelqu'un ne m'avait pas enseigné la manière correcte de faire une puja.

Tel est l'effet de shraddha ! Prenez l'exemple des bhajans, que dit Amma ?

«Inutile de crier à pleins poumons. Fermez les yeux. Imaginez votre ishta devata, votre Dieu, chantez et essayez de vous concentrer là-dessus. Si vous observez les gens pendant les bhajans, nombre d'entre eux promènent leur regard autour d'eux ; ils n'ont aucune concentration et, en conséquence, ils ne retirent aucun bienfait des bhajans.»

Voici quelques autres exemples :

Un jour, ayant fini de laver mes vêtements, je les secouai et les étendis sur la corde à linge. Je venais de terminer et j'allais partir quand mon maître dit :

«Pourquoi ne regardes-tu pas attentivement tes vêtements avant de partir ?»

Je regarde et réponds :

«Qu'est-ce qui ne va pas ? Est-ce qu'ils sont sales ?»

«Non, non, cela n'a rien à voir avec la saleté. Regarde de près et dis-moi ensuite si tu remarques quelque chose.»

Je regarde encore :

«Non, je ne vois rien qui cloche.»

«N'as-tu pas remarqué, dit-il alors, que le bas de tes vêtements n'est pas aligné ? L'un est comme-ci, l'autre comme-ça, alors qu'ils devraient être alignés. Si tu fais tout de manière ordonnée, l'ordre règnera aussi dans ton esprit.»

Je n'en revenais pas ! Même pour étendre mes vêtements, il me fallait faire preuve de shraddha !

Une autre fois, il me demanda d'aller chercher quelque chose dans un autre bâtiment. J'y suis donc allé et, comme il y avait tout autour des singes qui jouaient dans les arbres, en marchant, je regardais les singes, promenant mon regard de-ci, de-là. Arrivé à la chambre, j'ai pris ce qu'il m'avait demandé, de l'encens, je crois . Au retour j'ai de nouveau regardé les singes. Alors en prenant l'encens, il m'a dit :

«Es-tu un singe ?»

«Que voulez-vous dire ?»

«Tu te comportes exactement comme un de ces singes. Tu étais censé aller à la chambre, y prendre l'encens et le rapporter. Pourquoi regardes-tu de tous les côtés, comme un singe !»

«Qu'y a-t-il de mal à cela ?»

«Ce n'est pas un problème pour une personne ordinaire. Mais pour quelqu'un qui s'efforce de concentrer son mental, de réaliser Dieu, c'en est un. Parce que si tu laisses ton regard vagabonder en marchant, lorsque tu fermeras les yeux ton esprit va se mettre à faire exactement la même chose.»

Ceci résume le but de shraddha. En fait, les saints nous indiquent tous la même voie. Si nous sommes sincères, si notre but est vraiment d'atteindre la concentration, le samadhi (le samadhi n'est rien d'autre qu'une parfaite concentration) alors les saints nous donnent des conseils allant dans ce sens. Sinon, nous recevons leur étreinte et leurs baisers et c'est tout ! Cela ne va pas plus loin. Nous avons besoin de conseils pratiques pour atteindre la béatitude réelle, la béatitude divine.

C'était un exemple. De même… nous utilisons notre outil (le corps/ le mental) comme un enfant. Vous savez, les enfants ont aujourd'hui des jouets perfectionnés, très techniques. Tout le monde a vu ce style de jouets. Sincèrement, lorsque je suis venu en Amérique l'année dernière, j'ai reçu un choc en voyant ces jouets car je suis incapable de les faire fonctionner. Ils ont quelque chose comme vingt-sept boutons, des leviers, des écrans et ils se déplacent à une telle vitesse que les yeux vous sortent de la tête si vous essayez de les suivre du regard.

Si une personne riche offre un de ces jouets à un enfant de deux ou trois ans, ne sachant pas s'en servir, il le porte à sa bouche ou le jette par terre.

C'est exactement la même chose ! Nous avons ce jouet perfectionné, le corps et le mental. Et nous ne savons pas quoi en faire. Nous ne savons pas nous en servir correctement. Alors nous le portons à la bouche ou bien nous le jetons par terre, sans savoir ce que nous faisons. Si nous sommes dotés de ce corps et de ce mental, c'est pour réaliser le Soi et non pour vivre dans ce monde de vie, de mort, de désirs et puis terminé. Tous les êtres humains sont appelés à une destinée plus haute, une fois qu'ils ont transcendé le royaume végétal et le royaume animal. C'est par la grâce de Dieu que nous avons un corps humain. Le but de cette vie n'est pas de vivre comme un animal, mais d'atteindre le divin, qui est notre nature réelle. Quel moyen avons-nous d'y parvenir ? Les instruments dont nous sommes munis sont le corps et le mental. C'est d'ailleurs tout ce que nous avons. Il nous faut donc apprendre à les utiliser pour atteindre le but ultime. Une des voies est shraddha. C'est pourquoi Amma y accorde tant d'importance.

L'importance d'une attention entière

Amma parle ensuite de l'attention entière qu'il faut apporter à chaque action. Cela est bien entendu lié à shraddha. Tous ces points sont liés, nous ne les considérons séparément que pour faciliter la discussion. Observez attentivement la manière dont nous agissons tous : notre esprit n'est fixé qu'à cinquante ou soixante-quinze pour cent sur ce que nous faisons. Il y a toujours vingt-cinq ou cinquante pour cent de nous-même qui est ailleurs. Il est très rare que nous soyons totalement présent dans l'action.

Amma nous dit que cette tendance se retrouve alors dans notre méditation. Lorsque nous essayons de méditer, de nous concentrer, nous n'y parvenons pas, parce que nous ne le faisons pas dans notre vie quotidienne. Il en va de même aux bhajans ou lorsque nous écoutons des discours spirituels : notre esprit vagabonde. Pourquoi ? Parce que c'est ainsi que nous accomplissons nos actions le reste du temps. Considérez votre vie quotidienne. Voyez comment vivent les gens ordinaires : ils prennent leur repas et parlent en même temps. Certains regardent la télévision en mangeant. Leur esprit est à moitié concentré sur la nourriture et la savoure, tandis que l'autre moitié est dirigée vers les images de la télé ; certains sont à moitié avec leur interlocuteur, réfléchissant au sujet de conversation, à moitié en train de goûter la nourriture. Que se passe-t-il donc ? Le mental est complètement éparpillé. Je me souviens être passé devant une télé alors que j'étais occupé à autre chose. J'avais envie de regarder l'émission, j'avais envie de faire ce que j'avais à faire et je me suis retrouvé coupé en deux ! Il y avait tout à coup deux parties en moi, j'étais divisé. Il faut donc agir avec une concentration entière. Si vous chantez les bhajans, faites-le de tout votre être, n'ouvrez pas les yeux pour regarder autour de vous. Il ne faut pas discuter ou regarder la télé en mangeant. Si vous voulez manger, mangez. Si vous voulez regarder la télé, regardez la télé.

Une autre chose amusante que j'ai remarquée au cours des années : lorsque les gens vont aux toilettes, ils lisent des magazines ou des livres. Ou bien en Inde les gens se brossent les dents dans les toilettes. Ils font donc les choses à moitié : une part d'eux-mêmes va aux toilettes, une part se brosse les dents ou bien lit. Cela peut paraître très drôle, mais ça ne l'est pas ! Parce que c'est ainsi qu'on perd sa puissance de concentration. Et ensuite on vient se plaindre : «Cela fait vingt-cinq ans que je médite et je ne suis parvenu à aucun résultat.» Pourquoi ? En voilà la raison.

Il y a tant de fuites dans le mental. Ce ne sont pas seulement les plaisirs des sens qui égarent le mental et détruisent la concentration. C'est aussi le fait de vivre sans concentration, dans un état de distraction permanent.

Vous imaginez ce qui se passerait si le chirurgien faisait son travail sans une concentration totale ? «Oh ! J'ai coupé le mauvais nerf !» Oh ! J'ai laissé mes ciseaux à l'intérieur, il va falloir le rouvrir !» Cela arrive. J'ai connu quelqu'un chez qui le chirurgien avait coupé le mauvais nerf et qui en a subi les conséquences pendant le reste de sa vie. J'ai entendu parler de quelqu'un à l'intérieur de qui le chirurgien avait oublié quelque chose. Cela arrive. Pourquoi ? Il ne s'agit pas seulement d'un oubli. C'est un manque de concentration. C'est très grave si un chirurgien n'a pas une concentration totale.

Et ceux qui désamorcent les bombes ! Il leur faut une énorme concentration, sinon boum, tout est fini ! Donc, imaginez l'attention nécessaire dans tous ces métiers !

Amma donne l'exemple d'une aiguille. Nous faisons attention en la prenant, en cousant ou bien en la posant quelque part. Pourquoi ? Parce que c'est un objet dangereux. Vous risquez de vous piquer ou bien quelqu'un d'autre pourrait se piquer. Nous devons apporter la même attention à chaque action, si nous voulons être capables de nous concentrer. Si nous n'y parvenons pas, ne rejetons pas la faute sur Dieu. C'est notre manière de vivre qui en est cause, notre état de distraction permanent.

Amma déclare ensuite que quand nous travaillons, ce qui, pour la plupart d'entre nous, est tout le temps, il nous faut pratiquer le japa. Nous devons répéter notre mantra. C'est une question que l'on pose très souvent à Amma. Tous les êtres spirituels doivent travailler. Même un yogi qui vit dans une grotte doit aller aux toilettes, se laver, manger, il doit parfois aller mendier sa nourriture. C'est le minimum. Mais nous qui ne sommes pas des yogis, nous avons bien plus à faire. Certaines personnes disent : «Je n'ai pas de temps à consacrer aux pratiques spirituelles. Je dois travailler huit heures par jour, je mets une heure en voiture pour aller à mon travail et le soir je dois rentrer, etc, etc. Et puis j'ai mes obligations familiales et beaucoup de problèmes. Où trouverais-je le temps de faire des pratiques spirituelles ?»

Voilà la réponse : Amma dit que ce n'est pas une excuse ! Le temps ne manque jamais parce que nous pouvons toujours faire japa. Certains déclarent :

«Bon, c'est peut-être vrai quand je conduis ou bien quand le travail est physique. Mais si mon travail est intellectuel que puis-je faire ? Si je dois utiliser mon cerveau et réfléchir?»

Amma dit que dans ce cas, avant de commencer ce genre de travail, nous pouvons prier Dieu ou bien le guru.

«Accepte ce travail comme une offrande. Fais de moi Ton instrument. Aide-moi à sentir que je ne suis rien, que c'est Toi qui me donne la capacité de faire ce travail.»

Mantra japa nous aide à cultiver l'attitude du témoin

Que se passe-t-il quand nous répétons notre mantra maintes et maintes fois ? Et quand nous essayons de nous rappeler que nous ne sommes qu'un instrument, et non celui qui fait l'action ? Nous prenons de la distance par rapport au travail. Nous développons une conscience-témoin. Pour employer le vocabulaire de la voie de la connaissance ou de la voie de la dévotion, nous vivons en Dieu au lieu de nous laisser happer sans arrêt par le travail. Si vous êtes attentif, vous remarquerez que quand vous êtes attaché au travail, votre esprit est très agité. Le mental est très distrait. Vous pensez : «Il faut que je finisse ce travail, il faut terminer au plus vite, il faut le faire de cette manière.» C'est l'attachement au fruit du travail qui nous fait perdre notre paix intérieure. Il nous est alors difficile de conserver notre équilibre, notre paix intérieure. La pratique du japa est un des moyens d'y parvenir. C'est une voie très pratique. Tous les sadhaks l'utilisent dans leur vie quotidienne. Nous ne pouvons pas rester tout le temps en méditation. Le japa est une pratique que nous pouvons et devons employer tout le temps. Regardons l'exemple de la vie d'Amma. Elle nous dit ici : «Lorsque vous travaillez, faites japa.»

Si vous êtes allé à l'Ashram en Inde, vous avez vu qu'Amma participe beaucoup au travail qui s'y fait. Si des gens se mettaient à parler, autrefois, Elle disait quelque chose. Maintenant Elle ne dit plus rien, mais Elle se met à chanter très fort ou bien à répéter «Namah Shivaya, Namah Shivaya,» jusqu'à ce que tout le monde en fasse autant.

Amma parle de sa propre expérience. Quand Elle était plus jeune, Elle répétait à chaque pas : «Amma, Amma, Amma» et parfois Elle oubliait, ce qui est naturel dans la vie spirituelle, au cours de la sadhana. Nous répétons le mantra un certain temps, puis nous oublions. Le mental alors se met à vagabonder. Alors quand nous nous rappelons le mantra, il faut recommencer. Grâce à la pratique, les moments d'oubli diminueront. «C'est par la pratique que l'on atteint la perfection», ce principe est également valable dans la vie spirituelle. Donc, quand Elle oubliait le mantra, Elle faisait un pas en arrière et répétait : «Amma...» et ensuite seulement Elle avançait. Quelle ferveur Elle mettait dans son japa ! C'est ainsi qu'il nous faut pratiquer. Tout le monde a le temps.

Aujourd'hui encore, si vous restez assis à côté d'Amma plus de cinq minutes, vous pouvez voir que ses lèvres répètent : «Shiva, Shiva, Shiva, Shiva.» Elle dit sans arrêt «Shiva, Shiva.» Qu'a-t-Elle donc à y gagner ? Elle est Shiva. C'est donc son propre nom qu'Elle répète, pourrait-on dire. Et pourtant tous les mahatmas sont ainsi. Le nom de Dieu ne quitte jamais leurs lèvres.

J'ai rencontré le Shankaracharya de Kanchipuram. C'est lui aussi un être éveillé. Il répète constamment : «Namah Shivaya».

Ramana Maharshi, lui, répétait «Parama Shiva, Arunachala Shiva.» Et Amma : «Shiva, Shiva» Qu'est-ce que. cela veut dire ? Eux, c'est leur état naturel, c'est donc pour nous qu'ils l'expriment extérieurement, pour que nous sachions que ce qui est naturel chez un être éveillé doit être cultivé par des âmes ordinaires comme nous. Grâce à la méditation, nous obtenons une certaine concentration. Mais si vous méditez en agissant, le bienfait que vous en retirez est beaucoup plus important. On dit que le fait de penser à Dieu en travaillant, c'est à dire le japa, est une forme de méditation cent fois plus puissante que la méditation assise.

Amma parle d'un karma yogi. Qui est un véritable karma yogi ? Un véritable karma yogi médite constamment. Si vous lui demandez combien d'heures par jour il médite et quelle sadhana il pratique, il est incapable de vous donner une réponse car il a le sentiment de méditer vingt-quatre heures par jour. Qu'il dorme, qu'il mange, qu'il se lave, qu'il parle, il médite. Jamais il ne perd le sentiment de la présence de Dieu, le contact avec le Soi. Grâce aux pratiques dont nous avons parlé, le mental se détache peu à peu et au lieu de toutes les pensées qui fourmillent sans cesse en nous tous, il ne reste plus qu'une pensée.

Si nous avons la chance d'être captivés par Amma, alors nous penserons à Elle. Sinon nous penserons à notre ishta devata, que ce soit le Christ, Krishna ou Shiva. Lorsque nous obtenons la grâce de Dieu ou la grâce du guru... que se passe-t-il ? Une seule pensée, ou un seul sentiment, un seul souvenir remplacent tous les autres sentiments ou pensées qui agitent notre esprit. Et s'il s'agit de la pensée de Dieu, nous éprouvons un sentiment de paix, de détachement, de lumière, de béatitude. Et nous vivons alors dans ce monde-là. Si vous méditez sur Dieu avec forme, que ce soit sur la forme d'Amma, comme c'est le cas de beaucoup d'entre vous ou bien sur une autre forme, alors vous commencez à voir cette forme, à lui parler. Vous vivez avec elle, dans son monde.

Le monde d'ici-bas n'est plus qu'un rêve pour vous et vous ne réagissez plus comme une personne ordinaire. Vous êtes dans la béatitude constante, savourant la vision de votre ishta devata, la forme de Dieu que vous chérissez. Si vous méditez sur l'aspect sans-forme de Dieu, vous commencez à sentir la présence de Dieu et vous vivez dans cette présence. Et ce monde perd à vos yeux toute valeur. Ce que la plupart des gens considèrent comme très important vous semble alors presque ridicule, parce qu'à l'intérieur, vous goûtez la béatitude divine.

Beaucoup d'entre vous ont sans doute entendu parler de Samarta Ram Das. C'était un très grand saint, qui vécut il y a plusieurs centaines d'années sous le règne de Shivaji. Shivaji fut un grand roi hindou qui lutta contre les envahisseurs Monghols pour protéger le sanatana dharma. Samarta Ram Das était un mahatma, un être éveillé. Il mendiait un jour sa nourriture aux portes du palais quand Shivaji sortit et mit un morceau de papier dans son bol à aumônes. Le sage dit : «Oh ! Merveilleux ! Est-ce que cela se mange ?» Le roi dit alors : «Swamiji, s'il vous plaît, lisez le papier.» Samarta Ram Das prit le papier et le lut : «Par ce billet, je fais don du royaume entier à Samarta Ram Das.» Le mahatma dit : «Très bien ! Reprends-le et gouverne maintenant en tant que mon administrateur..» Et il alla à la porte suivante mendier sa nourriture. Rien n'avait d'intérêt pour lui. Le royaume entier...

En fait, il est arrivé un peu la même chose à Amma. Un millionnaire est venu La voir et Lui a dit : «Amma, je ne veux plus rien avoir à faire avec l'argent. J'en ai assez, j'en ai eu plus qu'assez au cours de ma vie. Je veux que Tu prennes tout mon argent et que Tu en fasses ce que Tu veux.» Maintenant mettez-vous à la place d'Amma et imaginez qu'un millionnaire, un multimillionnaire vienne vous voir et vous dise en toute sincérité : «Voilà, prends tout mon argent, je n'en veux plus.» Que feriez-vous ? Amma a répondu : «Fils, je n'ai besoin de rien. Garde ton argent et quand j'en aurai besoin, je te le demanderai.» Elle ne le lui a toujours pas demandé. Il l'a encore. Les gens ordinaires comme nous pensent : «Oh non ! Quelle chance unique ! Elle a laissé passer des millions de dollars. Tout ce que je pourrais faire avec des millions de dollars ! Je n'aurais plus besoin de travailler, je pourrais me construire une maison, m'acheter une Jaguar... Je pourrais faire le tour du monde.» Certains d'entre nous partiraient en Inde et s'y installeraient pour le reste de leur vie.

Rien de tout cela n'a de sens pour qui perçoit la présence de Dieu. Plus rien ne compte alors, tout devient insignifiant, car cette béatitude surpasse tout. La paix, le bonheur, la joie, on y trouve tout. C'est tellement divin que notre monde est pareil à un morceau d'argile à côté de cette lumière dorée. Alors comment atteindre cet état ? Voici le conseil pratique d'Amma : grâce au karma yoga. Le karma yoga, comme nous l'avons dit au début, n'est pas une pratique particulière. C'est notre vie quotidienne, mais vécue selon le principe de shraddha, c'est-à-dire avec concentration, en accomplissant chaque action de tout notre être, et non de manière distraite, en pratiquant le japa, en priant Dieu, en essayant de garder le sentiment de la présence de Dieu, si nous en sommes à ce niveau, et en étant indifférent à tout le reste.

Amma conclut en nous disant qu'il faut commencer par ces pratiques. Ensuite, seulement, nous pouvons espérer maîtriser le mental. Si vous êtes capables de cette concentration extérieure, alors vous pouvez espérer maîtriser les vasanas, les vagues, les habitudes du mental. Il faut procéder en commençant par le moins subtil. Cela ne signifie pas qu'il ne faut pas méditer, qu'il ne faut pas essayer de se concentrer. Nous devons faire cela aussi. Mais la concentration extérieure est essentielle. Sinon, nous perdons beaucoup de temps.

Om Namah Shivaya !

Satsang à M.A. Center, 1995
Cassette 7 - Face A

Les ficelles de la sadhana

Quelqu'un a-t-il des questions au sujet de la vidéo que nous venons de regarder ? Certains d'entre vous n'ont jamais rencontré Amma et je crois qu'aucun de vous ne l'a jamais vue en Devi Bhava, quand Elle dansait, ni en Krishna Bhava.

Les premières années avec Amma

A l'époque, Amma prenait le bhava (l'attitude) de Kali et la danse n'est que béatitude spontanée, la manière dont Elle exprime Son extase. Vous avez peut-être remarqué qu'il y a eu deux séquences où Elle a manifesté de la colère.

L'une d'entre elles, c'est quand j'ai braqué un projecteur sur Elle. Elle était dehors et dansait. Il faisait nuit noire et je ne voulais pas manquer cela, j'ai donc allumé un projecteur. Même quelqu'un qui médite n'aime pas les lumières vives. C'est une distraction. Encore moins quelqu'un qui est en extase ou bhava. C'est pour le moins une atmosphère artificielle. La technologie, l'électricité, toutes ces choses sont un peu embarrassantes devant une présence sainte. Il est très difficile de prendre des photos d'Amma et de L'enregistrer, car Sa présence est une chose très ancienne. Dieu est ancien. La technologie est moderne. Il est quelque part un peu délicat d'associer les deux. C'est aussi un peu irrévérencieux.

Mais je me suis dit que le risque en valait la peine, qu'il fallait filmer Amma avant qu'Elle ne quitte cette forme de danse extatique, ce Kali bhava qui semblait en voie de disparition, car Elle le manifestait de moins en moins. Je pensais que nous ne le reverrions plus. Quelqu'un a proposé de nous acheter une petite caméra de 8mm, silencieuse. C'est ainsi que nous avons obtenu ce film. Il a été très difficile de le tourner parce qu'Amma aujourd'hui encore déteste les caméras et les magnétophones. A l'époque, c'était cent fois pire. Mais je l'ai quand même fait.

Une des raisons pour lesquelles ces scènes où Amma danse n'ont jamais été montrées, personne ne les ayant jamais montées pour en faire une vidéo, c'est que comme vous l'avez tous lu dans la biographie d'Amma, pendant environ sept ans après le début des bhava darshans, Elle était connue dans les villages comme une personne possédée par Dieu. Trois nuits par semaine Krishna venait, prenait possession d'Elle et La transformait en Krishna. Puis, aux environs de minuit, Krishna partait. Kali venait et dansait. Au petit matin, Kali s'en allait. Et il ne restait plus que la fille folle, Ammachi. C'est ainsi qu'Elle-même se nommait : une fille folle.

Et pendant environ sept ans, parmi les milliers de personnes qui venaient voir Amma, il s'en trouvait peut-être une ou deux qui était orientée vers la spiritualité. Les autres n'étaient que des gens ordinaires, uniquement intéressés par la vie dans le monde ; ils avaient entendu dire qu'il se passait quelque chose de divin à Vallickavu et qu'ils pouvaient obtenir d'Amma tout ce qu'ils désiraient. Il leur suffisait d'y aller et de prier, et Krishna était là. Pas besoin d'aller au temple, de se demander si Dieu allait oui ou non entendre leurs prières. Ils pouvaient parler directement à Dieu, à la Mère divine, et Elle disait «oui» ou «non», «cela arrivera» ou «cela n'arrivera pas.»

C'était donc un merveilleux raccourci. Amma dit que pendant ces sept années, Elle a entendu parler de tous les problèmes qui existent en ce monde, mais que cela n'avait presque rien de spirituel, rien à voir avec la spiritualité. Amma a pensé qu'Elle allait consacrer ces sept premières années de bhava à ces gens, aux gens ordinaires. Et c'était la seule manière possible dans la culture où Elle vivait, dans cette région. Personne n'avait jamais entendu parler de la réalisation du Soi, ni de la vision de Dieu, sinon d'un dieu à quatre bras, car c'est ainsi que les gens se représentent la vision de Dieu dans le village où Amma vit et dans les villages environnants.

La réalisation de Dieu ? N'y pensez pas. Personne n'a jamais entendu parler d'une chose pareille. Personne ne sait ce que signifie le Soi. C'était donc pour Amma la seule manière de distribuer Sa divinité, pour ainsi dire, et de leur manifester Sa compassion. Parce que cela constitue une sorte de tradition, dans les villages de l'Inde : les gens obtiennent la grâce de Dieu, Il prend temporairement possession d'eux et parle à travers eux. Cela fait partie de la religion de l'Inde. C'est pourquoi Amma a agi ainsi.

La danse était en réalité une danse d'extase mais les gens ont cru que Krishna dansait, parce qu'il y a cinq mille ans, Krishna dansait. Kali, la Mère divine, est une grande danseuse. Shiva et Parvati dansent au Mont Kailash, la danse de Tandava. Ils sont toujours en extase. Amma entrait en samadhi chaque fois qu'Elle entendait la musique qui est jouée pour Shiva tandava (il existe un style de tabla particulier pour cette danse, qu'un bon joueur de tabla peut jouer). Cela ne se produisait pas seulement en Devi bhava mais dans les moments ordinaires. Il existe d'ailleurs une photo d'Elle dans ce bhava.

Mais au bout de sept ans, Elle savait qu'il se produirait un changement dans Sa vie et aussi dans le monde. C'est à cette époque que les premiers brahmacharis sont peu à peu venus à Elle.

Ils ne s'intéressaient à rien d'autre qu'à Amma et, à cause d'Elle, ils se sont intéressés à la vie spirituelle. Elle a donc tourné une page. Le Krishna et le Devi bhava sont devenus une bénédiction pour ceux qui voulaient voir à quoi ressemblait l'état de Réalisation, celui d'un être identifié au Soi, à Dieu. Elle a supprimé l'aspect un peu spectaculaire, les broderies destinées au public ordinaire. Il n'est plus resté que le minimum, la Mère divine, gracieuse et aimante, accordant des faveurs et donnant la paix intérieure et la méditation aux dévots.

Elle a donc tout arrêté et c'est à ce moment-là, quand nous avons senti ce qui allait se passer, que nous avons fait le film. Mais nous ne l'avons jamais montré au public car nous ne voulions pas que les gens continuent à penser qu'Amma était possédée trois nuits par semaine. Cela La rendait plus distante et donnait d'Elle une idée qui n'était pas totalement vraie. Si nous considérons Amma ou n'importe quel autre être éveillé comme des êtres constamment établis en Dieu, alors leur compagnie nous devient précieuse. Mais s'il s'agit de quelqu'un qui n'est avec Dieu que trois nuits par semaine, alors cela n'a de valeur que trois nuits par semaine. »

(Un homme dans l'auditoire) - «Je m'en contenterais !»

Eh bien… C'est ce que j'ai dit à Amma la première fois que j'ai vu le Krishna bhava. Elle a dit : «Est-ce que tu rentres à Tiruvannamalai ?» J'ai répondu : « Oui, mais j'emporte le Krishna bhava avec moi.»

A propos de la scène où Amma lèche les plaies du lépreux, beaucoup de gens qui ont entendu cette histoire n'y croient pas. Ils déclarent : «C'est une absurdité, vous essayez seulement de nous impressionner !» Eh bien ! voilà la preuve que cela s'est bien passé. A ce stade, lorsque nous avons finalement tourné, les plaies de cet homme étaient déjà bien cicatrisées. Il ne restait plus que quelques endroits où le pus sortait. Mais lorsqu'il est venu voir

Amma au début, c'était incroyable ! Il était impossible de voir un morceau de peau. Il n'y avait que du pus. Et on ne voyait pas d'yeux non plus, il n'avait que des fentes, des têtes d'épingles. Il n'avait pas de cheveux sur la tête. Il ne pouvait rien porter sur la partie supérieure de son corps, à cause du pus : tout aurait été trempé et lui aurait collé au corps. C'était vraiment terrible. Et regarder Amma … sur la vidéo, c'est difficile, mais être debout auprès d'Elle et La regarder faire, c'était… très difficile ! Nous étions terriblement inquiets, nous avions peur qu'Elle ne tombe malade. Mais pour Elle il n'y avait aucun problème. C'est un des aspects d'Amma que la plupart des gens n'ont jamais vu, qu'ils ignorent. C'est pourquoi… c'est bien. Certaines personnes pourraient ne pas comprendre, voilà pourquoi j'explique ce dont il s'agit.

Mantra japa et l'offrande de notre travail à Dieu

La semaine dernière, nous parlions de conseils pratiques : comment obtenir une méditation meilleure. Il ne suffit pas de fermer les yeux et de méditer. Si vous avez déjà médité, ce qui est le cas de beaucoup de gens ici, vous savez que le mental ne reste pas tranquille simplement parce que vous le désirez. Il ne veut pas rester tranquille, pas une seconde, ni même un quart de seconde. Pourquoi ? Parce que notre vie quotidienne est une distraction après l'autre. Nous portons très peu d'attention à ce que nous faisons. Cette disposition nous suit donc partout. Quand nous essayons de méditer, nous avons le même mental. Impossible d'en faire un paquet et de le mettre de côté. Vous essayez de vous concentrer sur un objet et aussitôt, la tendance qui vous pousse à penser à autre chose surgit. Et il est impossible de fixer le mental sur un point, pas un seul instant.

C'est ce qu'Amma nous disait la semaine dernière : il faut faire attention à chacune de nos actions. Lorsque nous mangeons, nous devrions manger, et manger seulement, sans parler ni regarder la télé. Car alors le mental est divisé en deux. Nous ne regardons pas complètement la télé, nous ne mangeons pas et ne parlons pas non plus complètement. Tout est ainsi : quand vous marchez, marchez. Je crois que dans la méditation Vipassana, on enseigne l'attention. C'est pour cette raison : pour diminuer la tendance à la distraction. Amma nous dit de prêter attention à notre travail et d'essayer de répéter notre mantra tout en le faisant, afin de nous détacher du travail. D'ordinaire, nous sommes trop attachés à ce que nous faisons, nous nous y investissons trop, ce qui fait courir notre mental encore plus vite. Mais si nous pouvons prendre de la distance par rapport à ce que nous faisons, notre esprit devient plus paisible et notre méditation aussi.

Le mantra japa est donc reconnu par tous les sages du passé, du présent et du futur probablement, comme le principal moyen de dompter le mental. Il ne s'agit pas simplement de s'asseoir dans un coin et de répéter le mantra cent huit fois le matin ou le soir. C'est quelque chose que vous devez pratiquer tout le temps, sauf si vous faites un travail intellectuel. L'autre point mentionné par Amma c'est que dans ce dernier cas, avant de commencer votre travail, vous pouvez l'offrir à votre guru ou à Dieu et penser : «Le pouvoir de faire ce travail n'est pas mien. Il appartient à Dieu (au guru , au Soi).» Alors il n'y aura pas d'attachement et le mental sera plus calme.

Les pièges à éviter

Ce chapitre concerne le pranayama. Pranayama désigne la maîtrise du prana, c'est-à-dire de l'énergie vitale, grâce au contrôle du souffle. J'expliquerai ensuite plus en détail.

«Le pranayama doit être pratiqué avec le plus grand soin. En pratiquant les exercices, il faut garder la colonne vertébrale bien droite. Il est possible de soigner et de guérir les

maladies ordinaires, mais pas les troubles engendrés par une pratique incorrecte du pranayama. Lors de la pratique du pranayama, il se produit des mouvements dans l'intestin et dans la région abdominale inférieure. Il existe une durée spécifique pour chaque exercice de pranayama.

Si cet ordre n'est pas respecté, le système digestif est endommagé de manière irréparable et la nourriture n'est pas digérée. C'est pourquoi il ne faut pratiquer le pranayama que sous la direction d'un expert. Il saura ce qu'il faut faire à chaque étape et prescrira des herbes médicinales appropriées. Il est très nuisible de pratiquer le pranayama en se fondant uniquement sur une connaissance livresque. Personne ne devrait le faire.

Mes enfants, le nombre de pranayamas est spécifique à chaque étape. Il est dangereux de ne pas respecter cette progression. Cela revient à essayer de faire rentrer dix kilos de riz dans un sac qui est fait pour en contenir cinq. Même sans la pratique du pranayama, kumbhaka, la rétention du souffle, peut se produire grâce à bhakti, la dévotion. Il suffit de pratiquer le japa continuellement. Kumbhaka est l'arrêt du souffle quand nous obtenons la concentration. On peut même dire que le souffle lui-même est pensée. Le rythme du souffle change en fonction du degré de concentration des pensées.»

En fait, Amma ne parle jamais du pranayama. Ce n'est pas Son truc, pourrait-on dire. Ces quelques versets ont été recueillis lors de nombreuses conversations qu'Elle a eues avec des dévots qui l'interrogeaient au sujet du pranayama. Mais Amma n'était pas personnellement intéressée, pas plus que Ramana Maharshi ni Ramakrishna Paramahamsa. Aucun des sages très célèbres des deux siècles derniers en Inde n'a recommandé le pranayama comme une voie menant à la réalisation de Dieu. Tout au plus est-il bon, avant de méditer, d'observer la respiration jusqu'à ce que son rythme ralentisse un peu, puis de se concentrer, sans utiliser le pranayama comme moyen de concentration.

Ce qu'Amma dit dans ces cinq versets peut se résumer ainsi :

Le pranayama peut être très dangereux si nous n'avons pas de guide. Il doit être pratiqué sous la direction d'un maître qui le possède parfaitement, dont c'était le chemin (marga). Le but de la pratique du pranayama est de parvenir à kumbhaka, l'arrêt du souffle. On peut obtenir le même résultat grâce à la dévotion (bhakti).

En réalité, toute voie est dangereuse si nous n'avons pas de guide. Par exemple la voie de la connaissance, que suivent beaucoup d'Occidentaux, porte en elle le risque d'une compréhension erronée et d'une mauvaise application. De nombreuses personnes appliquent ces principes «Je suis Brahman» ou bien «Je suis le Soi» d'une manière incorrecte. Faire tout ce que nous voulons sous le prétexte que nous sommes Brahman, alors que nous sommes identifiés au corps et au mental, c'est très destructeur à la fois pour nous et pour le monde. Amma dit :

«Si vous êtes Brahman, alors tout le monde est Brahman. Il n'y a pas qu'une seule personne au monde qui soit Brahman en ce monde. Ce que vous considérez comme valable pour vous-mêmes doit l'être aussi pour tous.»

Histoire du Raja guru et du roi

Amma raconte l'histoire d'un roi qui suivait l'enseignement spirituel d'un raja guru. Le guru lui avait enseigné la vérité de Brahman : tout est Brahman, tout est un, en d'autres termes. Le roi rentra donc au palais et en parlant à sa reine, il lui dit :

«Tu sais, ma chère, guruji m'a dit que tout était un, j'ai donc décidé de dormir cette nuit avec ta servante.»

La reine se dit : «Que se passe-t-il ? Quel enseignement a-t-il donc reçu ?»

Elle alla trouver le guru et lui dit : «Swamiji, qu'avez-vous donc fait à mon mari ? Vous lui empoisonnez l'esprit ! Vous lui avez dit que tous ne faisaient qu'un et maintenant, il ne veut plus de moi, il a décidé de prendre ma servante pour épouse. C'est elle qui sera la prochaine reine !»

Le guru répondit : «Oh non ! C'est une mauvaise compréhension de l'enseignement ! Ne vous inquiétez pas. Je viendrai ce soir au dîner et je prendrai soin que tout rentre dans l'ordre.»

Le guru vint donc pour le dîner et il dit à la reine : «Quand vous lui servirez le riz, mettez aussi une boule de bouse de vache.»

Elle servit donc le riz. Tout le monde était assis à table. Puis elle servit aussi la bouse de vache, recouverte d'une cloche. Quand il souleva la cloche et découvrit la bouse de vache, le roi se mit très en colère. « Que se passe-t-il donc ici ? » Et il appela sa femme. Avant qu'elle puisse dire quoi que ce soit, le guru déclara : «Ecoutez, sire, cela est Brahman et le riz aussi est Brahman. Pourquoi ne pouvez-vous pas manger les deux sans faire de différence ? C'est la même chose. Tout est un.»

Le roi comprit alors qu'il avait mal appliqué l'enseignement et il corrigea son erreur. Cet enseignement « Tout est Brahman » ne concerne pas le monde relatif, le monde de notre vie quotidienne. C'est l'essence la plus subtile de tout, le substrat de toute chose. C'est cela, Brahman. Et c'est à nous d'essayer de voir Cela, ce qui est commun à tout. Mais n'oublions pas les différences pratiques dans le monde. Ce n'est pas la signification du Védanta.

Les difficultés sur la voie de la dévotion

La voie de la dévotion (bhakti marga) recèle également de nombreuses difficultés, de nombreux pièges, dont nous pouvons être victimes si nous n'avons pas de maître vivant. Quelle que soit la voie, un maître vivant est essentiel. Une des difficultés de la voie dévotionnelle, c'est qu'elle est liée aux émotions. Nous travaillons avec l'amour de Dieu. Nous devons faire attention à ce que nos émotions soient réelles, à ce qu'elles ne soient pas influencées par les circonstances extérieures. Certains pleurent ! Les bhajans leur font perdre la tête mais ils ne sont pas vraiment en extase. Ils se soucient parfois de l'opinion des autres : «Oh, si je pleure, ils vont penser que je suis un grand dévot.» Ils ne le formulent pas avec des mots, c'est simplement présent dans leur subconscient. Un des dangers est donc de confondre l'émotion avec la dévotion. La vraie dévotion est une pensée fixée uniquement sur Dieu, qui engendre des symptômes tels que les pleurs, la danse et les cris. Quand l'esprit est parfaitement concentré, avant qu'il ne se fonde en Dieu, ces phénomènes se produisent. La personne transpire parfois, ou bien se roule par terre, comme si cette extase était insupportable, impossible à contenir. Il faut donc faire attention. Un guru sait si le phénomène est authentique ou non.

Un autre risque est de tomber dans la passivité : Tout est la volonté de Dieu. Donc…je n'ai pas besoin de travailler, de m'occuper de ma famille ni de manger. Que quelqu'un me mette la nourriture dans la bouche. Je n'ai pas à l'avaler, il faut me pousser la nourriture dans la gorge. Où est la limite ? Pas besoin d'aller aux toilettes. Quelqu'un m'y emmènera. Je suis incapable de rien faire, pas même de respirer.

Ceci est une erreur. La passivité n'est pas de la dévotion. Ce n'est pas de l'abandon de soi. L'abandon de soi est dynamique, cela consiste à faire notre devoir, notre dharma, quelle que soit la situation, à le faire comme une offrande à Dieu (ou au guru), pour obtenir sa grâce. Ensuite, quel que soit le résultat, ne soyons pas déçu. Si nous réussissons, très bien, c'est la volonté de Dieu. Si nous échouons, c'est aussi la volonté de Dieu. Quel que soit le résultat, n'exultez pas, ne vous affligez pas. Mais il faut éviter la passivité sur le chemin de la dévotion.

Les difficultés de Swamiji sur la voie du karma

Puis il y a la voie du karma , celle qui consiste à faire de bonnes actions, de bonnes œuvres. Vous avez peut-être rencontré des gens qui s'impliquent énormément dans le service social ou dans le service du guru. Là aussi, ils peuvent rencontrer deux types de difficultés. Il en existe sans doute plus mais, pour ce soir, nous allons nous limiter à deux.

La première consiste à vouloir jouer les petits chefs et à commander tout le monde : « Tu fais ce seva et toi celui-là et d'abord qui es-tu ? Et si tu ne le fais pas, tu n'as pas de dévotion pour Dieu (ou pour le guru) » Et on se met à torturer d'humbles dévots sur la grand route du seva.

Le seva n'a rien à voir avec cela. C'est un moyen de se souvenir de Dieu et d'utiliser le corps, l'esprit et la parole au service de Dieu (ou du guru). Cela ne devrait pas ressembler à ce qui se passe dans le monde et au bureau.

Un autre phénomène se produit : certains se font tellement hap-per par le karma yoga qu'il est impossible de les faire s'asseoir un moment. «Va méditer dix minutes.» «Non, non, je n'ai pas le temps, j'ai ceci et cela à faire…» Tant de gens se comportent ainsi. En fait, j'ai moi-même été ainsi à une certaine époque de ma vie. J'étais au service de mon premier guru et je courais toujours à droite, à gauche, jour et nuit, pendant environ dix ans. Je ne pouvais pas dormir plus de trois ou quatre heures. Je ne pouvais même pas aller aux toilettes sans sa permission…non que j'aie besoin de son autorisation mais je devais m'assurer qu'il n'aurait besoin de rien pendant mon absence. On ne sait jamais quand le guru pourrait avoir besoin de quelque chose et alors on manque une chance en or, rien qu'en allant aux toilettes. Cela pourrait être défavorable.

Cela a donc été une vie très difficile pendant huit ou dix ans, et j'avais toujours cette espèce de tension intérieure. C'était pour obtenir la grâce de Dieu. Il n'y a rien de mal à cela et je suis heureux de l'avoir fait. Maintenant je ne le pourrais plus.

Mais un jour , il a vu que c'était un peu trop pour moi et il m'a dit : «Va dans la salle de méditation à Ramanashram et médite pendant une demi-heure.» J'ai répondu : «Non, j'ai une foule de choses à faire.» Excellent abandon de moi même, parfaite obéissance ! Il a dit : «Non, non, va méditer une demi-heure à l'ash-ram, je vais venir et nous irons ensuite quelque part.»

Je suis allé dans la salle de méditation, j'ai fermé les yeux. Avant de le rencontrer, je méditais huit à dix heures par jour. Puis, lorsque je suis entré à son service, cela a diminué peu à peu. J'étais donc assis, et j'ai fermé les yeux une seconde. Et aussitôt je les ai rouverts. «Est-il arrivé ?» J'ai regardé autour de moi. «Qui est là ? Que font-ils ? Que se passe-t-il dehors ? Les singes grimpent aux arbres.» Mon esprit ne restait pas une seconde en place. Puis j'ai commencé à penser : «J'ai telle et telle chose à faire. Je n'ai pas fait ceci ou cela.» Je ne pouvais même pas me concentrer une minute … une minute ! Même pas une demi seconde ! Je ne pouvais même pas fermer les yeux.

Mais en fait, tout cela s'est avéré bénéfique ; en effet, quand il a quitté son corps, alors j'ai disposé de tout mon temps. Et, en songeant tout le temps à Dieu, chaque seconde, en renonçant à tout ce que vous appelez vôtre : santé, sommeil, nourriture, temps, tout, le sens de l'individualité s'amenuise et la sensation de l'Etre universel, de Dieu, prédomine. A ce stade, il est très facile de méditer. Il est très difficile de méditer lorsqu'on est égoïste.

C'est étrange et on peut se demander : «Quelle est la relation entre l'égoïsme et la méditation ? Ce sont deux choses totalement différentes.» Mais en fait non. Parce que c'est l'ego, l'individualité, qui cache comme un nuage le soleil du Soi universel. Donc lorsque l'ego s'amenuise, lorsque l'individu s'estompe, on ne se perd pas soi-même. Lorsque l'ego disparaît, cela ne signifie pas que l'on n'existe plus, mais que la réalité brille en nous. L'ego n'est pas la réalité. L'ego change constamment. La sensation d'être, la conscience, voilà ce qui est réel, et ce n'est pas l'ego. Mais nous sommes tellement pris dans les rets de l'ego que nous passons à côté de l'essentiel, de la Vérité, de la Réalité.

C'est l'histoire du professeur, un psychologue, je crois, qui entre dans la classe, déplie un immense morceau de papier blanc et l'accroche au mur ; au milieu, un minuscule point noir. Il demande aux étudiants : «Ecrivez sur un morceau de papier ce que vous voyez.» Ils ont tous répondu : «Un point noir.» Personne n'a écrit : «Du papier blanc.» Ils sont tous passés à côté du papier ! De même, tout le monde oublie le ciel, pour ne voir que les nuages. Nous ne voyons que les pensées ; nous ne percevons pas la conscience qui révèle les pensées. C'est pourquoi il est nécessaire de dissoudre l'ego parce que la conscience, c'est le Soi. Les pensées, la personnalité, les sentiments, c'est l'ego. Nous nous préoccupons sans cesse de lui au lieu de percevoir le sentiment de l'être, le «je suis». Nous nous occupons de «ce que nous sommes» ou plus exactement, ne sommes pas.

Om Namah Shivaya !

Satsang à M.A. Center, 1995
Cassette 7 – Face B

Devenir l'Absolu

«Mes enfants, notre attitude envers tout objet de la création devrait être dépourvue de toute attente. C'est le but de la Sadhana.»

L e sujet de ce verset est *raga*. *Raga* signifie attirance, en d'autres termes, le désir. D'ordinaire, notre esprit oscille sans cesse entre l'attirance pour une chose et l'aversion envers une autre, ce qui est une cause d'agitation. Beaucoup d'entre nous, après avoir vécu un certain temps, sont parvenus à la conclusion qu'ils ne voulaient pas vivre éternellement avec un mental instable. Nous nous sommes tournés vers la spiritualité afin d'obtenir une guérison permanente de cette maladie du mental. Amma nous dit que pour réduire la tendance naturelle du mental, qui consiste à rechercher le plaisir et à fuir la souffrance, il nous faut développer une attitude libre de toute attente.

Efforcez-vous de vivre sans rien attendre

Il est bel et bon de vivre une vie de devoir ; mais il s'agit d'un idéal. J'y réfléchissais aujourd'hui. Avant de venir vivre en Amérique, j'ai passé vingt-cinq ans en Inde. Je n'ai pas eu beaucoup de contacts avec ce que vous appelleriez le monde réel. J'ai toujours vécu dans des ashrams. Je ne connaissais donc pas les difficultés des personnes ordinaires, ni les tentations, ni les désirs, ni les plaisirs. Ma vie était une vie de sadhana. Je suppose que quand j'étais adolescent, j'ai fait le tour de tout cela et que je suis arrivé à la conclusion que la vie dans le monde ne m'apporterait pas le bonheur. Mais je peux comprendre que la plupart des gens n'aient pas le même sentiment.

L'autre jour, je parlais avec quelqu'un de ses problèmes pratiques, comme cela m'arrive souvent depuis que je suis ici. La personne me parlait des difficultés qu'elle rencontre depuis sa jeunesse. Un de ces problèmes était la discrimination raciale, qui est une réalité partout dans le monde. Si vous êtes en minorité, vous faites l'objet d'une discrimination. Les gens se moquent de vous et disent des choses déplaisantes. Il est facile de répondre : «Eh bien ! Endurez-le.» C'est certainement le point de vue spirituel et dans l'idéal, c'est ce que nous devrions faire, mais ce n'est pas si facile dans la pratique

Un jour, j'allais rendre visite à quelqu'un et, comme je descendais la rue en voiture, quelques enfants du voisinage se sont mis à insulter le mahatma Gandhi. Ma première réaction a été la colère. Je leur ai dit quelque chose du style : «Le mahatma Gandhi était un être noble. Qu'avez-vous donc à l'insulter ?» Mais cela ne les intéressait pas. Ils ignoraient qui était le mahatma Gandhi. Ils avaient simplement appris à insulter quelqu'un qui était différent d'eux. J'ai eu beaucoup de mal à maîtriser ma réaction face à ces enfants ignorants. Ils ne savaient pas ce qu'ils faisaient. Ils avaient peut-être entendu des amis incultes, ou bien des adultes parler ainsi.

Alors j'ai pensé : «Et Amma ? Et la vie d'Amma ?» Car, j'essaie toujours de me référer à Amma, de trouver dans Sa vie un exemple, d'examiner la manière dont Elle faisait face aux difficultés. Un jour quelqu'un a demandé à Amma pourquoi Elle était née fille de pécheur et non pas fille d'un prêtre ou de quelqu'un de plus cultivé. Elle a répondu que c'était pour montrer qu'en dépit d'un manque complet de culture spirituelle, il était possible de réaliser Dieu, qu'il était possible d'atteindre le but ultime en dépit de tous les obstacles. Et j'ai pensé qu'Amma avait été sans cesse confrontée aux insultes. Il s'agissait ici d'une tierce personne, je n'étais même pas concerné personnellement, bien que j'aie connu cela aussi. Il s'agissait ici simplement d'une personne qui m'était chère, d'un idéal cher à mon cœur. Et pourtant j'étais affecté. Alors j'ai réfléchi. Et Amma ? Combien de personnes l'ont insultée à cause de Sa vie spirituelle ! J'ai ainsi trouvé un peu de paix intérieure.

Mais j'ai compris à ce moment-là à quel point il est difficile d'affronter ces situations douloureuses, même si l'on a un idéal spirituel et d'autant plus lorsqu'on en est dépourvu. Certains vous conseillent de développer votre estime de vous-mêmes, de devenir quelqu'un pour que les autres ne vous considèrent pas comme inférieur. Mais cette solution n'est pas durable. Si grand que vous soyez aux yeux du monde, aussi gonflé que soit votre ego, un jour ou l'autre tout cela s'effondrera, au plus tard au moment de la mort. La seule chose qui ne s'effondre pas au moment de la mort, c'est l'abandon de soi à Dieu.

Il est facile de dire que nous ne devrions nourrir aucune attente. Il n'est pas facile de vivre selon ce principe. Cependant, Amma nous demande d'essayer parce qu'Elle perçoit que la solution ultime à tous les problèmes est la spiritualité. Nous pouvons bien tenter de boucher les trous avec autre chose mais, un jour où l'autre, il y aura une fuite quelque part.

Comme la racine de tous nos problèmes réside dans l'agitation du mental, il nous faut essayer de suivre le conseil d'Amma. La cause fondamentale de notre agitation, c'est que nous cherchons le bonheur ailleurs que dans le Soi, ce qui est raisonnable, puisque nous n'avons pas l'expérience de la béatitude du Soi réel. Nous sommes ballottés de ci, de là, nous perdons notre paix intérieure, et en fait, nous nous fermons à l'atmananda, la béatitude du Soi. Amma nous conseille au moins de diminuer notre tendance à regarder vers l'extérieur ; au lieu de nous laisser gagner par l'agitation en éprouvant de l'attirance ou de la répulsion, efforçons-nous de développer une attitude de détachement. Si nous attendons quoi que ce soit de quelqu'un, ou même d'une situation, et que nous sommes déçus, que se passe-t-il ? Nous sommes malheureux, ou bien en colère, ou bien encore nous nous mettons à haïr l'autre personne.

Je pense toujours à un dicton qu'Amma cite :

«Les promesses sont faites pour être brisées.»

Donc, même si quelqu'un a promis de faire quelque chose ou, au sein d'une relation, si vous pensez que l'autre aurait dû se comporter comme ceci ou comme cela, répondre de telle ou telle manière à votre amour, rappelez-vous que les promesses sont faites pour être brisées et que tout le monde est par nature intéressé. Ne construisez pas votre vie sur des attentes.

De quelle manière la sadhana peut-elle nous aider ?

C'est l'objectif de la sadhana. De quelle manière les pratiques nous aident-elles à développer cette attitude ? Le but est de développer une attitude conforme à la voie de la connaissance et de devenir un témoin. Au lieu de passer de l'attraction à la répulsion, nous essayons d'être égal envers tout et tous. Ainsi nous aurons peu d'attentes et peu de distractions.

Donc la méditation, un peu de méditation, un peu de bhajans, un peu d'étude de textes spirituels, tout cela est nécessaire, même pour les enfants, et pas seulement pour ceux qui ont déjà un tiers, la moitié ou les trois quarts de leur vie derrière eux, car cela donne au mental un peu de stabilité et d'aplomb : il sera moins ballotté par les différentes situations qu'il rencontre.

Rappelez-vous qu'Amma ne recommande pas aux gens de se lancer à fond dans la spiritualité et de tout abandonner, tous leurs désirs, toutes leurs ambitions, pour aller méditer vingt-quatre heures sur vingt-quatre dans une grotte. Elle sait bien que c'est impossible. Mais au moins, tempérez votre vie dans le monde de quelques pratiques spirituelles. C'est le but de la sadhana.

> *«Il n'existe pas de raccourci pour obtenir la vision de Dieu. Le sucre candi a beau être savoureux, personne ne l'avale directement, pour ne pas se couper la gorge. Il doit fondre lentement, ensuite on peut l'avaler. Ainsi, la sadhana doit être accomplie avec patience et régularité.»*

Amma considère ici deux erreurs possibles.

La première consiste à se plonger à fond dans la vie spirituelle en allant trop vite et trop loin, ce qui provoque ensuite une indigestion spirituelle. Ces personnes essayent de méditer un grand nombre d'heures par jour, de faire le japa tout le temps. Et que se passe-t-il ? Comme elles n'en ont pas la capacité, elles dépriment. En d'autres termes , elles avaient de l'ambition, pas d'aspiration. Leur ambition dépassait leur capacité. Amma nous conseille donc de procéder graduellement, de ne pas en faire trop. Il s'agit d'avoir une pratique régulière, même si ce n'est que cinq minutes par jour, puis de passer à six minutes etc. N'en faites pas trop.

L'autre erreur concerne l'usage des drogues dans la spiritualité. Certains viennent trouver Amma et Lui demandent : « Amma, n'est-ce pas valable d'utiliser des drogues qui repoussent les limites de l'esprit pour obtenir des expériences spirituelles ? » En fait c'est une pratique qui existe depuis des milliers d'années et qui est également répandue en Inde. Amma la désapprouve totalement. Elle dit qu'il n'y a pas de raccourci pour atteindre la vraie spiritualité, encore moins pour obtenir la vision de Dieu. Nous sommes en quête de notre propre Soi et de rien d'autre. Les drogues ont le même effet que le café ou le thé. Que se passe-t-il si vous êtes très fatigué, que vous avez sommeil et que vous buvez un verre de thé ou de café ? Vous voilà plein d'énergie. D'où vient cette énergie ? Est-ce le thé ou le café ? Non, c'est votre propre énergie, mais le thé ou le café l'ont révélée.

Vous êtes alors comme un cheval complètement épuisé que l'on fouette. Il court très vite pendant un certain temps et enfin, quand l'effet du fouet s'estompe, il s'effondre. Car cette énergie ne venait pas du fond de l'être. Ce n'était qu'un jaillissement temporaire. Les drogues fonctionnent de la même manière. Elles font jaillir votre énergie mais comme il s'agit d'un raccourci, en réalité elles vous vident de votre énergie. Au lieu de vous élever au-dessus de zéro, vous passez en-dessous. Et il est très difficile de s'en remettre.

Si vous mangez, votre corps est nourri et vous en tirez une force réelle, que ne vous donnent ni le thé ni le café. De même, les pratiques spirituelles détruisent peu à peu les obstacles qui nous empêchent d'éprouver la béatitude spirituelle et ensuite nous pouvons faire des progrès authentiques. Les drogues ne nous aident pas. Il n'y a pas de raccourci pour obtenir la vision de Dieu. C'est un des grands problèmes en Occident depuis les vingt ou trente dernières années : au nom de la spiritualité, les gens utilisent beaucoup de drogues.

«Sans amour pour Dieu, il est inutile de pratiquer le japa ou la méditation. Mais ceux qui pensent qu'ils peuvent commencer leur sadhana une fois qu'ils auront développé de l'amour pour Dieu sont des paresseux. C'est comme s'ils attendaient que l'océan n'ait plus de vagues pour s'y baigner.»

Beaucoup d'entre vous ont vu Amma chanter les bhajans et entrer en extase. Ceux qui ont passé quelque temps auprès d'Elle en Inde L'ont peut-être vue entrer en samadhi. Elle est dans une béatitude profonde et semble n'avoir conscience de rien. Autrefois, Elle était parfois transportée et se mettait à rire, sans que nous ayons la moindre idée de la cause de ce rire. Elle riait, riait, riait sans fin. Cela durait une heure ou deux. Puis Elle devenait complètement silencieuse et immobile comme une pierre pendant encore une heure ou deux. Lorsqu'on est témoin de tels états, on se rend vraiment compte que la béatitude divine existe et on a envie d'en faire soi-même l'expérience. C'est l'un des grands bienfaits que l'on retire de la compagnie d'un mahatma, d'un sage : la spiritualité, l'expérience spirituelle devient une réalité. Son exemple nous inspire et nous aspirons alors à atteindre cet état. Mais Amma nous dit que pour cela, il faut travailler.

Il existe deux sortes de bhakti, deux sortes de dévotion : gauna bhakti et raga bhakti. Gauna bhakti est ce que la plupart d'entre nous connaissent. Nous faisons un peu de japa, nous chantons des bhajans, nous lisons des livres spirituels, nous apprenons la musique, nous nous livrons à des pratiques spirituelles variées. Mais nous n'éprouvons pas cette béatitude. Il nous faut donc continuer et un jour, soudain, nous ressentons quelque chose. Notre cœur fond. C'est peut-être un bhajan qui nous émeut, ou bien c'est le darshan d'Amma qui touche notre cœur jusqu'alors sec comme une pierre. Ou bien nous avons respiré le parfum d'un encens qui évoque pour nous un lieu spirituel que nous avons visité ou bien encore nous pensons à un saint et notre cœur se remplit d'amour divin.

Cela s'appelle raga bhakti : vous êtes plein de raga, plein d'amour, de passion pour Dieu. Mais on y parvient grâce à gauna bhakti. Impossible de dire : « Oh, je voudrais fondre d'amour divin et je ne vais rien faire avant cela. », parce que cet état ne viendra pas tout seul. Amma nous dit que cela revient à attendre qu'il n'y ait plus de vagues dans l'océan pour aller s'y baigner.

Il faut en passer par les pratiques... et peu à peu raga bhakti se développe en nous.

Nous avons parfois le sentiment que c'est vraiment difficile, que nous essayons depuis de nombreuses années sans éprouver aucune dévotion et qu'après avoir pratiqué tant de sadhanas différentes, nous ne sommes pas encore capables de nous améliorer. N'abandonnons pas à cause des difficultés.

Histoire de l'adolescent qui voulait savoir comment affronter les situations difficiles

Cela me rappelle une histoire qui n'est pas particulièrement spirituelle, mais c'est l'histoire de quelqu'un qui n'a pas abandonné. C'est un adolescent qui, une nuit, s'est endormi au volant. La voiture a quitté la route, heurté un arbre et il s'est retrouvé à l'hôpital pour six mois avec un dos fracturé. Puis il est rentré chez lui. Là aussi il y avait beaucoup de problèmes. Pendant cette période, il a réfléchi : « Quel est le but de ma vie ? Comment affronter tout cela, cette longue immobilité, six mois au lit, et tous les conflits chez moi ? »

Il ne savait pas vraiment quoi faire. Il a eu le sentiment que son éducation était inadéquate, qu'il n'avait rien appris d'autre que le moyen de trouver du travail. L'éducation est le refuge de la plupart des gens dans le monde moderne ; elle a remplacé la tradition, qui remplissait autrefois ce rôle. Comment affronter ces situations critiques, difficiles ? L'avantage de la tradition, c'est qu'elle nous enseignait tout de A à Z : comment vivre et même comment mourir. Il s'est donc livré à une enquête. Il a interrogé de nombreuses personnes, environ deux mille étudiants et il leur a demandé : « Avez-vous le sentiment que votre éducation vous a préparé à la vie, la vraie vie, celle qui vous attend après l'école ? Quatre-vingt-cinq à quatre-vingt-dix pour cent ont répondu : «Non, absolument pas.» Il a abordé de nombreux enseignants et aucun d'entre eux n'était prêt à l'aider ; ils lui ont dit : «Tu es jeune ! Retourne à l'école ! Tu ne sais rien ! Reprends tes études et puis cherche du travail.»

Mais il n'a pas accepté ces réponses car il était convaincu qu'il fallait faire quelque chose. Il a donc inventé un système pour développer l'estime de soi-même. Il a découvert que beaucoup de jeunes n'avaient aucune estime d'eux-mêmes, aucun sentiment de leur valeur. Beaucoup d'entre eux se sentaient seuls. Ils n'avaient personne avec qui communiquer, même pas leurs parents. Et leurs amis avaient le même problème. Il a eu le sentiment qu'il fallait faire quelque chose, apprendre à gérer ces crises, les situations difficiles auxquelles tout le monde est confronté un jour où l'autre. Il a inventé un système permettant de régir cela : comment développer des relations de manière à être en harmonie avec tous les membres de la famille, avec les collègues de travail ou les camarades d'école. Pour tout ce que l'on n'apprend pas à l'école mais que la tradition vous enseignait autrefois, il a inventé un système. Cela n'intéressait personne. Alors il a emprunté de l'argent, il s'est endetté pour environ trente-cinq mille dollars. Quelqu'un lui a suggéré de s'adresser à des fondations qui subventionnent des programmes éducatifs. Il a donc écrit cent cinquante-cinq lettres, à différentes sociétés. Personne n'a accepté de lui donner un centime. Il était prêt à abandonner mais il s'est dit : « Non, je dois continuer, c'est ce que mon cœur me dit. Même si cela débouche sur un échec total, je dois encore essayer. »

Telle était la force de sa volonté. Il a fini par s'adresser à je ne sais plus quelle société - je crois que c'était Kellogg (vous savez ceux qui fabriquent les céréales) - et il a demandé cinquante cinq mille dollars pour commencer son programme. Ils l'ont appelé pour lui dire : «Vous savez, nous avons décidé de ne pas vous donner les cinquante cinq mille dollars.» Il était au bord des larmes. «Mais nous vous en donnons cent cinquante cinq mille !» Il a donc reçu cet argent et il a développé son programme. Il a fini par obtenir le don le plus important de l'histoire américaine ! Il a eu soixante-cinq mille dollars pour continuer. Et il a reçu cent millions de dollars de différentes institutions. Ce système est enseigné chaque année à environ trois millions d'étudiants dans le monde entier, dans trente mille écoles.

Je ne me rappelle ni le nom de la personne, ni celui de son système, mais l'idée c'est que quand nous parlons de pratiques spirituelles, de faire japa, ou bien d'essayer de purifier le mental, il ne s'agit pas de penser : «C'est facile à dire, mais c'est impossible à faire.» Nous savons bien que c'est très difficile. Mais c'est possible. Lisez la vie des saints : c'est ce qu'ils ont fait. Ne croyez pas que l'on naît en état de sainteté. Les mahatmas étaient en général des gens ordinaires à la naissance et ils ont travaillé dur. Ils avaient l'enthousiasme nécessaire. Ils étaient convaincus qu'il n'y avait pas d'autre voie, pas d'autre solution ! Lorsque vous êtes persuadé qu'il n'y a pas d'autre manière de résoudre les problèmes qui surgissent toujours dans la vie, vous avez la force nécessaire. Exactement comme cet homme qui a eu le sentiment qu'il n'y avait pas d'autre solution que de développer ce système pour le bien du monde. Il était animé par un noble idéal et c'est cela qui lui a donné la force nécessaire.

Ne croyez donc pas que la spiritualité est inaccessible, qu'il est impossible de se fondre dans la béatitude divine, d'entrer en extase ou de parvenir à raga bhakti. Il faut continuer ses pratiques et, un jour ou l'autre, elles porteront leur fruit. Les efforts constants détruiront les obstacles. Mais ne vous découragez pas devant les obstacles. Ils sont inévitables.

La Sadhana donne de la force au corps même

«Grâce à la sadhana nous obtenons de l'énergie, shakti, et le corps est préservé de toutes les maladies. Il devient alors possible d'accomplir n'importe quelle action, en n'importe quelles circonstances, sans s'effondrer.»

Amma nous dit ici que nous menons d'ordinaire une vie dispersée. Nous avons des buts, des pensées, des désirs, des idées et des critères nombreux. Ou bien ce qui revient au même, nous n'en avons aucun. Notre esprit n'est pas unifié. C'est ainsi que nous dissipons l'énergie dont nous disposons, la quantité d'énergie qui nous est donnée avec le corps et le mental humain. Elle part dans toutes les directions. Et quand nous sommes sous tension et que nous devons fournir plus de travail ou faire un effort intellectuel, nous sommes fatigués, parce que notre énergie, qui est limitée, n'est pas concentrée. C'est comme un tuyau plein de trous. Il n'en sort pas beaucoup d'eau, tout sort par les trous. Les distractions, le manque d'unité dans notre mental, nous vident de notre énergie. Sous l'effet de la pression, du stress, nous nous effondrons : notre prana s'affaiblit et notre corps lui aussi tombe malade.

La sadhana nous permet d'unifier notre mental, de lui donner un élément de stabilité qui canalise peu à peu le flot de notre énergie. Il devient plus régulier et plus concentré. Notre santé en bénéficie et même devant des situations éprouvantes, nous nous effondrons moins facilement. C'est le mot employé par Amma : «s'effondrer». Cela peut être physique ou mental. La sadhana est donc bénéfique même au niveau de la santé physique et elle nous donne de la force mentale.

Cela me rappelle ce qui est arrivé à un des brahmacharis. Il s'était livré à une sadhana très intense pendant de nombreuses années. Il se trouvait un jour chez ses parents et il y avait un problème dans le circuit électrique. Comme il bricolait pour essayer de détecter le problème, il a touché le fil principal, l'alimentation électrique, et c'était du deux cent vingt volts, pas du cent dix comme ici. Vous savez que, quand on touche un fil électrique dénudé, on ne peut plus le lâcher parce que le système nerveux ne répond plus. Il est resté accroché une demi-heure jusqu'à ce que quelqu'un passe, le voie et lui donne un coup de pied. C'est alors seulement qu'il est tombé par terre. Il n'a rien eu.

Amma dit que s'il n'avait pas fait une sadhana, il serait mort. Il ne s'agit pas de la grâce de Dieu qui l'aurait protégé. Rien d'aussi mystérieux ni d'aussi partial. Amma voulait simplement dire que la sadhana avait purifié et fortifié son système nerveux, ce qui lui avait permis de recevoir le choc sans mourir. Donc, même d'un point de vue aussi pratique, les pratiques spirituelles sont béné-fiques.

> «*Grâce à la sadhana la divinité d'élection nous amènera jusqu'au seuil de la réalisation. Pour venir à l'ashram, si l'on parcourt cinquante kilomètres en bus jusqu'à Vallickavou, il est facile ensuite de couvrir le dernier kilomètre à pied. De même, notre divinité nous amène jusqu'au porche d'akanda satchitananda, l'être-conscience- béatitude sans division.*»

L'ashram d'Amma en Inde, à Vallickavou, était autrefois accessible en bus, mais à condition de parcourir le dernier kilomètre à pied ou bien de prendre un autre véhicule car les bus ne pouvaient accéder à la jetée ni traverser la rivière. Le bus vous amenait donc au village, mais pas jusqu'à l'ashram. (J'ignore si cela a changé aujourd'hui.) C'est ainsi que la voie de la bhakti, de la dévotion à la réalité suprême sous la forme de Dieu, nous conduit à l'état d'akanda satchitananda.

Qu'est-ce que akanda satchitananda ? Akanda satchit-ananda est la Réalité ; c'est l'océan de Dieu, l'océan d'intelligence. Cela transcende le Dieu personnel. C'est l'essence de Dieu, le Soi de Dieu. Akanda signifie non divisé. On peut comparer cela à l'espace, c'est ce qui s'en rapproche le plus. Dieu ne peut être comparé à rien d'autre. Prenez l'espace : ici, dans votre corps ou bien à des millions d'années-lumières, il est le même. Il n'y a aucune différence dans l'espace. C'est ce que l'on qualifie d'akanda : il n'y a pas de séparation, c'est un tout homogène. Il n'y a aucun moyen de le diviser. Imaginez que cet espace, qui est inerte, soit conscient, soit la conscience même, que ce soit un espace vivant. C'est ce que l'on appelle satchitananda, l'espace du pur être-conscience-béatitude. C'est la véritable nature de Dieu.

Certains, en particulier les athées, les intellectuels qui ne jurent que par la logique, déclarent qu'ils ne croient pas en Dieu. Ce qu'ils désignent par Dieu correspond en général à la notion d'un Dieu personnel, qui trône au ciel et juge tout le monde. Mais Amma parle ici de la réalité suprême, de Dieu, d'akanda satchitananda. C'est au-delà de toute personnalité, c'est l'essence de tout ce qui existe. C'est aussi l'essence du Soi. Si nous transcendons notre personnalité, si nous l'analysons jusqu'à la racine, c'est-à-dire le sentiment du « je », ce « je » est akanda satchitananda. « Je » signifie être, conscience, puis quand notre mental est parfaitement pur et qu'il ne reste plus que ce « je », c'est aussi la béatitude.

Bien sûr sat et chit, l'être et la conscience, sont évidents pour tout le monde, mais la béatitude ne rayonne pas. C'est à cause des pensées. Donc, si nous diminuons le nombre des pensées, la béatitude brillera et nous prendrons conscience que nous sommes Cela.

Actuellement, nous sommes cela (être-conscience), plus la conscience du corps. Au lieu d'être akanda, nous devenons kanda, nous sommes divisés, nous devenons une partie. La conscience infinie, à cause de son contact avec le corps et l'esprit, paraît être divisée. Mais en vénérant cette réalité suprême sous la forme de Dieu, qui est la conception la plus élevée à laquelle la plupart d'entre nous ont accès, cette pensée nous remplit tout entier et les pensées et les distractions fragmentaires diminuent. Alors l'esprit devient de plus en plus pur, il est rempli de Dieu, et ensuite nous réalisons akanda satchitananda. La dévotion nous amène donc à la réalisation de la sagesse.

La pratique du Védanta est très difficile

Amma nous dit qu'aujourd'hui on abuse beaucoup de la philosophie d'akanda satchitananda—c'est-à-dire du Védanta, de l'idée « je suis akanda satchitananda, je suis Brahman ». Dans l'ensemble de l'humanité, on peut sans doute compter sur les doigts d'une main les gens qui sont capables de méditer sur Brahman comme étant leur propre Soi. Amma dit qu'il y en a très peu. La philosophie du Védanta est facile à comprendre. N'importe qui doté d'un grain de cervelle est capable de l'appréhender. Il suffit d'éliminer tous les objets et ce qui reste est le Soi, Brahman. C'est très facile à comprendre. Il est facile d'en parler, d'y penser. Mais peu d'êtres, très peu, sont capables de le mettre en pratique. Amma affirme donc que la dévotion envers cette même Réalité sous la forme d'un dieu personnel nous conduira à ce seuil ultime.

Comment vit un être établi dans la conscience de satchitananda ? Sommes-nous capables de vivre ainsi ? Si nous vivons comme Amma, il nous est loisible d'adopter cette forme de sadhana, « je suis Brahman ». Mais voyez, pour Amma, c'est chaque nuit Shivaratri. Quelle lutte c'est pour nous de rester éveillés la nuit de Shivaratri ! Pour ceux qui ne connaissent pas Shivaratri, c'est une nuit de veille consacrée à Shiva : on fait des pujas à Shiva, on lit à voix haute des histoires qui mettent en scène Shiva et on pense à Shiva. On fait n'importe quoi pour ne pas dormir. Il y a bien sûr des représentations dramatiques, de nos jours, les gens vont même au cinéma. A l'origine, il s'agissait de se livrer à la sadhana pendant toute une nuit, de pratiquer une ascèse, de méditer et de faire quatre pujas dans la nuit en pensant seulement à Dieu, alors que pendant trois cent soixante-quatre jours de l'année, nous pensons à autre chose.

Eh bien, imaginez qu'il est deux ou trois heures du matin. Que se passe-t-il ? Vous dodelinez de la tête, vous avez envie de dormir. Regardez Amma. C'est chaque nuit la même histoire. Amma donnait au départ Krishna Bhava et Devi Bhava trois nuits par semaine. Cela durait de six heures et demie du soir à six heures et demie du matin. Et le corps d'Amma, dans une certaine mesure, est comme le nôtre. Il semble humain, il a quelques limites humaines en tous cas. Il a besoin de sommeil mais comme Amma sait qu'Elle est akanda satchitananda, Elle arrête le sommeil. Le sommeil concerne le corps. Je ne suis pas le corps. Je suis un jour allé au darshan et j'ai dit à Amma : « Amma, j'aimerais voir Ta forme réelle. » Elle a répondu : « Si tu veux voir ma forme véritable, il te faudra regarder au-delà de cette forme. Je ne suis pas ce corps. »

Voilà akanda satchitananda : quelqu'un qui peut ignorer son corps. Amma fait de longs voyages. Elle arrive à Seattle après dix-huit ou vingt heures d'avion et Elle donne darshan pendant sept ou huit heures à tout le monde la nuit même, à la retraite de Seattle. Pouvez-vous vous imaginer en train de faire cela ? Après dix-huit heures d'avion, vous avez l'impression qu'un tracteur vous est passé dessus. Vous voulez manger et puis dormir environ seize heures. Mais pas Amma. En fait, chaque fois que nous organisons le tour de manière à ce qu'Elle puisse se reposer en arrivant, Elle refuse : « Non, je ne suis pas venue ici pour me reposer. » Elle met toujours un darshan cette nuit-là. C'est cela, être Brahman : c'est quand on peut transcender le corps.

Histoire de Sadashiva Brahmendra

Cela me rappelle l'histoire d'un sage peu connu, sauf sans doute en Inde du Sud, et qui vécut au siècle dernier. Il s'appelait Sadashiva

Brahmendra. Il a écrit un très bel hymne, Atmavidya Vilasa, ce qui signifie le jeu de la connaissance du Soi. Je voudrais vous raconter quelques épisodes de sa vie car cela vous donnera une idée de ce que signifie « je suis Brahman » et du niveau requis pour pratiquer cette sorte de sadhana.

C'était un jeune homme très intelligent et quand il vivait avec son guru, il avait l'habitude de discuter avec les visiteurs. De nombreux érudits venaient voir le guru pour parler avec lui de sujets spirituels. Et ce garçon, une fois qu'ils avaient conversé avec le guru, les abordait et entamait une dispute avec eux. Il les attrapait : il sortait toujours vainqueur de cette joute orale. C'était une grande insulte envers son guru, car celui-ci se comportait de manière totalement différente et accueillait tout le monde humblement. Alors un jour, son guru l'a appelé et lui a dit : « Est-ce que tu ne peux pas rester tranquille ? Tais-toi donc ! »

Le garçon n'a plus jamais ouvert la bouche. Il a fait vœu de silence jusqu'à la mort.

Telle était la puissance de sa volonté. Il a gardé le silence. Mais il n'avait pas encore atteint l'état de perfection. Il a quitté l'ashram et il a obtenu des siddhis, des pouvoirs. Il avait entre autres la faculté de se passer d'oreiller. Il s'allongeait sur le flanc et sa tête restait suspendue en l'air. Il pouvait rester ainsi toute la nuit, sans que sa tête tombe. Un jour qu'il se reposait au milieu de la journée, allongé dans un champ de riz, la tête flottant en l'air, des passantes le virent et il les entendit commenter : «Voilà un drôle de yogi ! Il fait étalage de ses pouvoirs !» Il pensa «Humm !» , alla chercher une pierre et s'allongea en posant la tête dessus. En rentrant chez elles, les femmes le virent à nouveau et elles dirent : «Voilà un drôle de yogi ! Il se préoccupe de ce que les autres disent à son sujet ! » Il jeta la pierre et réfléchit : « Il est inutile de chercher à plaire à qui que ce soit ou à l'impressionner. » Il est alors devenu beaucoup plus profond et ne s'est plus préoccupé de plaire ou de faire de l'effet grâce à sa sadhana. Son esprit a plongé à l'intérieur et il a réalisé le Soi.

Un autre jour, il marchait dans les champs, l'air d'un fou. Il ne portait pas de vêtements et regardait toujours en l'air : il regardait le ciel. Pourquoi ? Il n'avait aucune conscience du corps. Il était établi dans le Soi, dans la béatitude et le corps vagabondait, comme un objet que l'on perçoit en rêve. Il errait donc sans but et le propriétaire du champ l'a vu. Lui et ses gens portaient du bois à brûler provenant de la forêt proche du champ. Comme ils avaient besoin d'aide pour porter ces gros fagots de bois qu'ils avaient attachés avec des cordes, ils le réquisitionnèrent. Lui ne dit rien. Ils lui mirent alors un gros tas de bois sur la tête et il alla où on lui avait dit, à l'endroit où ils avaient formé une grosse pile de bois. Ils lui dirent de jeter son fagot sur la pile mais à peine son fagot l'eût-il touchée, qu'elle prit feu. Et il n'y eut plus que des cendres.

Une autre fois, il marchait dans les champs, car c'est là qu'il vivait et, se sentant fatigué, il s'allongea sur un tas de foin et s'endormit. Le propriétaire, un autre bien entendu, le vit et le prit pour un voleur ; il ameuta ses gens. Ils s'apprêtaient à le battre avec des bâtons, entourant la meule de foin, quand il ouvrit les yeux. Il se contenta de les regarder et ils furent tous paralysés. Comme dans un dessin animé, ils sont tous restés le bras en l'air avec leur bâton. Il les a examinés, a bâillé, s'est lavé le visage et il est parti. Au bout d'une centaine de mètres, il s'est retourné et a dit : «C'est bon , vous pouvez vous détendre maintenant.» Tous alors se sont effondrés par terre. Telle était sa puissance.

Un jour qu'il s'était retrouvé en samadhi dans le lit d'une rivière à sec, la pluie se mit soudain à tomber quelque part et les eaux, déboulant dans le lit de la rivière, l'emportèrent. Environ six mois plus tard, en creusant le lit de la rivière pour chercher de l'eau, les gens heurtèrent quelque chose et virent du sang. Il commencèrent alors à dégager du sable, avec beaucoup de précaution, le corps d'un homme nu. Une fois le sable déblayé, il ouvrit les yeux, s'ébroua et s'en alla.

Un autre incident montre qu'il était totalement identifé à Brahman. En se promenant, il entra un jour dans une des tentes de la famille royale mongole, qui campait justement près de là. Or, cet avadhut complètement nu était malencontreusement entré dans le harem, la tente des femmes. Le chef de la famille le vit et, indigné, prit une épée et lui coupa le bras. Sadashiva Brahmendra fit simplement demi-tour et sortit de la tente sans prêter à son bras la moindre attention. Et il partit…alors, devant cette réaction, ou plutôt cette absence de réaction, l'homme se dit : «Qu'ai-je fait ? Ce n'est pas un être ordinaire. Il n'a pas sourcillé.» Il le suivit pendant environ six cents mètres en criant : «Swami, swami, je suis désolé, je suis désolé !» Et Sadashiva Brahmendra paraissait ne rien entendre. Il se retourna enfin et regardant l'homme qui répétait : «Je suis désolé.», fit un geste qui voulait dire : «Mais pourquoi ?» Le Mongol lui montra le bras coupé qu'il avait apporté avec lui. : «Je suis désolé, je vous ai coupé le bras.» Le saint prit son bras, le posa contre le moignon et frotta la blessure. Le bras se rattacha tout seul et redevint normal. Et il continua son chemin.

Vous pensez peut-être : «Mais qu'est-ce que c'est que cette histoire ! C'est absurde !» et pourtant de tels événements se produisent dans la vie des avadhuttas.

Donc, être akanda satchitananda c'est cela et rien de moins ! Lorsque vous êtes mort au monde et que vous vivez dans l'océan de béatitude, que vous êtes plongé dans l'océan de la béatitude divine, c'est akanda satchitananda.

Om Namah Shivaya !

Satsang à M.A. Center, 1995
Cassette 8 - Face A

Gagner en équilibre et en force intérieure

L e chapitre des enseignements d'Amma que nous commentons est consacré à la *sadhana* et aux *sadhaks*. *Sadhana*
signifie pratique spirituelle. Un *sadhak* est quelqu'un qui
fait une *sadhana*.

> *«Mes enfants, il ne s'agit pas de commencer par enseigner ; il
> faut d'abord acquérir la force d'enseigner au monde. Ceux
> qui partent dans les Himalayas emportent des vêtements
> de laine pour se protéger du froid. Ainsi, avant d'entrer
> dans le monde, il nous faut développer une grande force
> mentale, afin de ne pas être affecté par l'adversité. Cela n'est
> possible que grâce à la sadhana. Celui qui n'a pas la force
> que donne la sadhana s'effondre un jour ou l'autre devant
> les différentes facettes du monde. Il est donc nécessaire de se
> fixer quelque part et de se livrer à une sadhana constante,
> sans perdre de temps.»*

Ce verset contient de nombreux points importants. Le but de
la vie spirituelle, surtout pour ceux qui vivent dans l'ashram
d'Amma (rappelez-vous que beaucoup de ces versets sont destinés
aux brahmacharis qui vivent à l'ashram) n'est pas d'enseigner aux

autres, mais d'acquérir la force nécessaire pour enseigner. C'est valable pour tout le monde. Beaucoup de gens font un peu de sadhana, se tournent vers la vie spirituelle et dès qu'ils se sentent à l'aise, éprouvent le besoin d'enseigner, de partager ce qu'ils ont compris de la vie spirituelle. Amma nous dit de nous montrer très prudents par rapport à cette tendance qui est si répandue. C'est le sens de la parabole de l'aveugle guidant un autre aveugle.

Le monde des sens est très puissant, nous dit Amma. Ce n'est pas une plaisanterie. Il fait jaillir en nous des sentiments d'attirance, de répulsion, de haine, de peur, de plaisir et de douleur, une quantité d'émotions variées et très puissantes. Si donc nous nous lançons dans ce monde en tant que sadhaks, sans avoir développé aucune force mentale, que nous arrivera-t-il ? Nous allons nous noyer dans les vagues. Le signe authentique de la vie spirituelle, c'est l'équilibre. Quelqu'un qui accomplit sa sadhana correctement ne manquera pas de gagner chaque jour un peu plus d'équilibre. Peut-être cette personne ne parviendra-t-elle à maîtriser sa colère, sa peur, ou un autre sentiment qui affecte le mental qu'une fois dans la journée. Le lendemain, elle y parviendra deux fois. Peu à peu, nous devrions sentir que nous gagnons en équilibre et en force. Nous pouvons ainsi jauger notre pratique spirituelle. Bien des gens demandent : «Comment puis-je savoir si je progresse au niveau spirituel ? Je n'en ai pas le sentiment.» Eh bien !voilà un moyen. Observez si, en dépit des hauts et des bas que vous traversez, vous gardez un meilleur équilibre.

Dans la Bhagavad Gita, Sri Krishna décrit l'état d'une personne établie dans un équilibre parfait, un sthtiti prajna. Je vais vous lire ce passage parce qu'il nous donne une idée de cet état :

«Celui qui ne sombre pas dans la détresse face aux calamités, celui qui a transcendé toute attirance pour les plaisirs, qui est libre de tout attachement, de la peur et de la colère, celui-là est appelé un sage, un homme établi dans la connaissance.

Celui qui, sans attachement, accueille le bonheur ou le malheur sans exulter ni haïr, il parvient à s'établir dans la connaissance. Lorsqu'il rétracte ses sens des objets des sens, comme la tortue rétracte ses membres, il est établi dans la connaissance. Les objets se retirent d'un homme obstiné, mais pas le goût. Lorsqu'il voit l'Etre suprême, le goût aussi cesse d'exister. Ô fils de Kunti, les sens sont dangereux et ils entraînent même l'esprit d'un homme sage qui s'efforce de les maîtriser. Tout en les contrôlant, un homme doit rester ferme, l'esprit fixé sur Moi. Celui qui maîtrise les sens est établi dans la connaissance.»

Je précise ici que le Seigneur ne parle pas de la connaissance ordinaire, du savoir scolaire ou universitaire, de la connaissance professionnelle. Il parle de l'expérience de la Réalité, de la connaissance du Soi. Quand notre expérience du Soi est constante, ces symptômes se manifestent.

«Il obtient la paix celui qui, maître de lui-même, approche les objets avec des sens dépourvus d'amour ou de haine, contrôlés. La paix met fin à toutes ses misères car lorsque l'esprit est calme, la raison s'affermit. Celui dont l'esprit n'est pas ferme est dépourvu de sagesse et ne sait pas méditer. Sans méditation, il n'y a pas de paix. Et comment pourrait-il être heureux, celui qui ne connaît pas la paix ? Car le mental qui cède aux sens vagabonds emporte la connaissance, comme le vent emporte un voilier qui glisse sur l'océan. Donc, celui dont les sens sont parfaitement maîtrisés est établi dans la connaissance. Il trouve la paix celui en qui tous les désirs entrent comme les eaux entrent dans l'océan : sans provoquer aucun changement, l'océan étant déjà plein. Mais celui qui désire des objets ne trouve pas la paix. En revanche, celui qui renonce à tout désir, agit sans attachement, sans égoïsme,

sans vanité, obtient la paix. C'est l'état de Brahman. Ceux qui y parviennent ne sont plus victimes de l'illusion. Ceux qui y demeurent à la fin de leur vie connaissent la béatitude de Brahman.»

Tel est donc l'état d'équilibre parfait. Aucun attachement à quoi que ce soit, et le contraire n'existe pas non plus, il n'y a pas de répulsion envers quoi que ce soit. L'absence de désir entraîne l'absence de colère. Dans cet état, tout est paix, tout est béatitude. Donc tant que nous ne sommes pas dans cet état, si nous nous précipitons pour enseigner aux autres, nous créons beaucoup de problèmes.

Nous pouvons nous transformer grâce à la sadhana

Il y a l'histoire de ce prédicateur, ou bien peut-être était-ce un sadhu, qui est arrivé un jour dans un village. Il était très imbu de lui-même et voulait enseigner à tous le Védanta. Il est allé trouver quelques-uns des villageois pour organiser un satsang, installer un podium, et tout le nécessaire. Tous les villageois sont venus et il a commencé à enseigner le Védanta. Le premier jour, ils étaient tous là, le deuxième, certains ne sont pas revenus. Le quatrième ou le cinquième jour, il n'y avait plus personne. Mais il a continué à donner des satsangs et il s'adressait à la pièce vide. Cela a continué pendant quelques semaines. Et un jour, un voyageur qui traversait le village a vu ce spectacle étrange : il a entendu quelqu'un parler et en regardant à l'intérieur de la pièce, il n'a vu personne, excepté cet homme qui donnait une conférence. Il lui a demandé pourquoi il donnait un satsang. Le prédicateur a répondu : «Quand je suis venu dans ce village, j'ai cru que je pourrais changer les gens ; mais maintenant, je donne le satsang pour éviter que ce soient eux qui me changent.» C'est ce qui se passe si nous ne faisons pas attention : nous venons pour enseigner et finalement, ce sont les autres qui nous transforment.

Amma nous dit donc qu'il nous faut pratiquer constamment. Nous avons sans doute tous ici une pratique spirituelle ou une autre. Mais nous n'y consacrons pas énormément de temps. Un moment le matin, un moment le soir, et puis ici et là, à l'occasion. Nous en retirons un peu de paix intérieure, mais cela est très fragile. Le moindre incident nous contrarie. Nous sommes pareils à une couche de glace très fine : au moindre choc, elle se brise. Nous ne sommes pas comme la glace bien épaisse et bien dure. Une transformation profonde est donc nécessaire pour que nous parvenions au but, pour que nous soyons Brahman.

N'oublions pas le but de la spiritualité : c'est l'union avec Dieu, c'est ce que nous pouvons imaginer de plus élevé. Il est peu réaliste de s'imaginer qu'en étudiant cinq minutes deux fois par jour, on peut décrocher sa maîtrise. Ainsi, il est peu réaliste de croire qu'en faisant un peu de sadhana nous allons atteindre ce but très très élevé, la béatitude suprême, la libération du cycle des naissances et des morts. Il nous faut pratiquer sans interruption. Si quelqu'un s'efforce de maîtriser un sujet de connaissance, il y pense jour et nuit. Son esprit n'est préoccupé de rien d'autre. Il en est saturé et au bout d'un moment, si vous lui posez la moindre question, il n'a plus besoin de réfléchir : la réponse vient d'elle-même. Il sait. Il en va de même des pratiques spirituelles : lorsque nous ne pensons à rien d'autre, nous sommes proches du but. Mais cela exige une pratique ininterrompue.

La question est donc : comment faire de nos jours et de nos nuits une pratique spirituelle ? C'est ce dont nous parlons depuis des années. Il existe de nombreux moyens. La plupart d'entre nous le font, il s'agit simplement d'en faire un peu plus. Nous pouvons utiliser un magnétophone ; c'est un moyen. (rires) Ne riez pas ! Pour les dévots du Kali Yuga, le magnétophone joue un rôle très important. Il ne s'agit pas d'un luxe mais d'un instrument utile à la sadhana. Autrefois, les yogis se retiraient dans des grottes, avec un feu. Maintenant le yogi est en voiture et il écoute une cassette. Il n'y a aucun mal à cela et bien loin de condamner cette pratique, Amma l'encourage. En Inde, les bus de l'Ashram, dans lesquels les dévots voyagent pour accompagner Amma lors de ses déplacements, ont un lecteur de cassette. Et nous nous assurons qu'il fonctionne bien et que le son est bon. Pourquoi ? Parce que lorsque nous écoutons les bhajans ou un satsang, notre esprit est concentré sur Dieu. Il ne vagabonde pas, il ne jacasse pas, il ne regarde pas vers l'extérieur. Vous savez à quel point nous sommes dispersés quand nous nous promenons en voiture, surtout si nous ne conduisons pas ! Nous regardons ceci et cela, nous regardons dans toutes les directions.

C'est une manière de continuer la sadhana sur la route. Ou même à la maison, si vous écoutez des bhajans. Ce n'est pas seulement pour le plaisir de la musique, il s'agit de se rappeler Dieu. C'est une sadhana. Et tout est ainsi : il est possible d'y prendre juste plaisir ou bien d'en faire une méditation. Les cassettes sont un moyen de penser tout le temps à Dieu.

Il existe bien sûr une manière plus traditionnelle, plus ancienne, c'est le japa. Nous répétons sans arrêt le mantra donné par le guru, sauf quand nous avons besoin de nous concentrer sur quelque chose ou de parler à quelqu'un. De nombreuses personnes m'ont posé la question suivante : «Je suis censé faire japa tout le temps mais quand je parle aux gens tout s'embrouille : je fais japa et j'essaie de leur parler, ils ne comprennent pas ce que je dis. Alors j'arrête et ...»

Il n'est pas nécessaire de faire japa en parlant. Quand vous parlez, parlez, et quand vous faites japa, faites japa. Et quand vous devez réfléchir, réfléchissez, et reprenez le japa ensuite. Mais à un certain stade, lorsqu'on est ancré dans la sadhana, que l'on vit dans son propre Atma, que l'on sent la présence de Dieu, alors il devient possible de se concentrer, de parler, de réfléchir autant que l'on veut, sur n'importe quel sujet, le japa continue. Cela devient une sorte de seconde nature. Quelque chose s'éveille en vous, une sorte de conscience spirituelle. Et la paix demeure, en dépit de n'importe quelle activité.

Grâce au japa, le mental se fortifie peu à peu. Il ne se disperse plus dans des pensées innombrables. Une seule pensée domine et la présence paisible de Dieu, la pure conscience, le Soi, s'éveille en nous. La sadhana devient ensuite beaucoup plus facile, beaucoup plus naturelle.

Il est possible de faire japa allongé, en mangeant, en marchant, en conduisant. Tout le temps que nous perdons à penser, nous pouvons l'utiliser à faire japa.

Et puis nous pouvons consacrer un peu de notre temps libre au seva. Nous passons la plus grande partie de notre vie à gagner de l'argent ou bien à nous occuper de notre famille. Et il n'y a rien de mal à cela ! Dans l'idéal, nous devrions percevoir toutes ces activités comme divines. Elles sont le service de Dieu ; nous accomplissons la volonté de Dieu. C'est ce que nous sommes censés faire. Mais pour la plupart d'entre nous, cela n'est pas si facile. C'est un idéal que nous nous efforçons de mettre en pratique, mais nous sommes en réalité très distraits lorsque nous nous occupons de toutes ces choses matérielles. C'est pourquoi nous allons dans les ashrams, nous écoutons des satsangs, nous allons au temple. Nous abandonnons pendant ce temps toute activité fondée sur le désir ; de ce fait, notre mental est moins tendu, plus paisible. Si nous travaillons pour le guru, notre esprit est entièrement tourné vers Lui. C'est une sorte de méditation naturelle. Vous en avez tous fait l'expérience et chacun ici sert Amma à sa manière. Cela vous plaît, vous en ressentez l'effet direct. C'est une sadhana, c'est une méditation.

Le karma yoga nous aide à trouver la paix intérieure

Regardez les ashrams d'Amma en Inde, ou même cet ashram. Pourquoi Amma l'a-t-Elle créé ? Elle n'a aucun besoin d'ashrams. Lorsque je L'ai connue, Elle vivait dehors, qu'il fasse pluie ou soleil. Elle était parfaitement heureuse, plongée dans la béatitude suprême. Si vous mentionniez le mot ashram, Elle vous chassait. Elle n'aimait pas le terme. Mais de plus en plus de gens sont venus. Elle s'est rendu compte qu'il fallait les occuper. Ils n'allaient pas méditer vingt-quatre heures sur vingt-quatre, il fallait donc leur donner du seva, les orienter vers le karma yoga. Elle a alors accepté la fondation d'un ashram, d'abord en Inde, puis ici. L'ash-ram est pour le bien des dévots. Ce n'est évidemment pas pour Amma. C'est pour nous donner une chance de faire du seva, de penser à Dieu, d'agir de manière désintéressée.

Dans la Bhagavad Gita, il est dit que les seules actions qui n'entraînent pas de réaction sont les actes désintéressés, le karma yoga. Lorsque nous agissons poussés par le désir, il nous faut en récolter les fruits, bons ou mauvais, agréables ou douloureux. C'est un lien qui nous entraîne dans la ronde incessante des naissances et des morts. Sri Krishna affirme que la seule exception, c'est ce que nous offrons à Dieu. Nous n'en retirons rien personnellement, il s'agit simplement de servir Dieu, ou bien un être réalisé, le guru. Cela purifie le cœur et conduit ainsi à la libération, à la réalisation du Soi.

C'est donc la raison pour laquelle Amma a créé autant d'institutions. L'hôpital qui se construit, l'orphelinat, tout cela donne l'occasion aux dévots de faire du karma yoga. Il y a bien entendu aussi un côté pratique, ces institutions aident beaucoup de gens, en particulier les pauvres. Mais pour les dévots d'Amma, c'est une chance de faire du seva.

Puis il y a les satsangs et les fêtes religieuses. Pourquoi toutes les religions du monde ont-elles tant de fêtes ? Dans quel but ?

57

Strictement parlant, tous les jours sont identiques. Le temps est infini. Pourquoi établir une distinction entre tel ou tel jour ? C'est pour nous donner l'occasion de penser à Dieu pendant un certain temps au cours de l'année puisque nous sommes sans cesse préoccupés de choses profanes. Lors de Shivaratri, par exemple, nous restons éveillés toute la nuit. Eh bien, à l'ashram d'Amma, toutes les nuits étaient Shivaratri. Mais pour les gens ordinaires, qui ne vivent pas dans un ashram, c'est l'occasion de faire un peu de tapas, un peu de sadhana, d'aller à l'encontre des tendances naturelles du corps.

Nous pouvons ainsi nous livrer à une sadhana ininterrompue, sans nous limiter au matin ou au soir. Ne croyez pas que la sadhana consiste simplement à rester assis les yeux fermés pour méditer ou bien à faire une puja. Non, chaque fois que vous vous rappelez la Réalité, appelez cela Dieu, Amma, le Soi (Atman), c'est une sadhana. Chaque fois que vous regardez la photo d'un être réalisé, l'image d'un dieu, quoi que ce soit qui vous rappelle Dieu, c'est une forme de sadhana. Il faut essayer de le faire sans interruption. C'est ce qu'Amma dit dans ce verset.

Puis Elle dit :

«En se fixant quelque part, sans perdre de temps.»

Vous prenez conscience de la vérité suivante : «Je pourrais mourir à n'importe quel moment ! Il faut que j'atteigne un niveau de conscience spirituel avant de mourir ! Je veux progresser pour aller dans un monde supérieur lorsque je quitterai ce corps ; quand je m'incarnerai de nouveau, je me serai déjà rapproché d'autant de la réalisation.» Vous plongez sérieusement dans la sadhana, vous ne vous contentez plus de faire trempette. Que se passe-t-il alors ? Il se produit une rébellion à l'intérieur. Les vasanas se manifestent et surtout, le mental refuse d'abandonner ses vieilles habitudes. Il accepte d'en prendre de nouvelles mais il refuse d'abandonner les anciennes. Il veut tout : le bon et le mauvais. Et cela engendre une lutte, une agitation intérieure qui nous donne envie de courir. Certains se mettent à manger énormément. Un de leurs sens réclame sans cesse et ils doivent l'occuper. Et si ce n'est pas possible, s'ils ne peuvent jouir de rien, alors ils veulent voyager, aller quelque part. Cette énergie qui s'agite en eux veut se dépenser, faire quelque chose. Et en Inde, il existe des millions de lieux de pèlerinage parce que chaque ville possède ses temples et ses sanctuaires ! Beaucoup de sadhus partent donc en pèlerinage et continuent… jusqu'à la mort. Une fois qu'ils ont fait le tour d'un endroit, qu'ils ont tout vu, qu'ils y sont habitués, il est temps pour eux de prendre leur baluchon et de partir. On peut ainsi passer sa vie dans les lieux sacrés. Et il est bon de se rendre dans de tels lieux, ne croyez pas que je dis le contraire. Mais lorsqu'il s'agit de faire une sadhana, c'est à éviter car cela représente une grande distraction. Cela revient à enlever le bouchon : tout le contenu du flacon se répand à l'extérieur. L'intention est bonne : être dans un lieu saint, penser à Dieu. Mais en réalité, cela retarde le vrai tapas, la lutte.

Je me rappelle quelqu'un qui est venu voir Amma. Il était âgé d'environ quatre-vingts ans. Et il a confié à Amma :

«Cela fait soixante ans que je me livre à des pratiques spirituelles (sadhana). J'ai visité tous les lieux saints de l'Inde.» Et Amma lui a demandé : «Bien, et qu'en as-tu retiré ?» Il a répondu : «J'ai appris de nombreuses formes de sadhana. J'ai appris à méditer, à faire japa et à chanter des bhajans. Je regardais le soleil, j'ai fait toutes sortes de pranayamas, je peux rester en équilibre sur la tête pendant trois heures. Je connais tous les styles de sadhana.»

«Connais-tu la paix intérieure ?» a demandé Amma

Il a répondu : «C'est pour cela que je suis venu Te voir, Amma : en dépit de tout cela, je ne suis pas en paix.»

Amma a dit : «Bon, tu as quatre-vingts ans, tu en as vu assez. Maintenant, fixe-toi dans un lieu précis et pratique ce que tu as appris, ou bien au moins la forme de sadhana que tu préfères. Et ne bouge pas de cet endroit avant d'avoir atteint l'état de perfection.»

Voilà le conseil que lui a donné Amma car Elle savait qu'il s'agissait d'une sorte de vasana. Ce n'est pas vraiment une vasana, c'est une fuite, pour éviter d'avoir à affronter les vasanas. Il s'agit donc de rester au même endroit, de faire une sadhana ininterrompue, sans perdre de temps.

Beaucoup de gens, surtout dans ce pays, ont le sentiment qu'ils n'ont pas le temps de faire de sadhana. Il ne s'agit pas de rester dans une pièce un certain temps pour pratiquer notre japa. Cela peut se faire à d'autres moments. Mais nous ne devrions pas avoir le sentiment que nous n'avons pas le temps. Nous avons tous un peu de temps pour les pratiques spirituelles.

Histoire du swami qui ne trouvait pas de place sur terre

Quelqu'un est un jour venu trouver un swami et lui a dit :

«Swami, je sais que je suis censé faire des pratiques spirituelles, mais je n'ai vraiment pas le temps. La vie spirituelle n'est pas pour moi, je n'ai tout simplement pas le temps.»

Alors le swami a dit :

«Comment pouvez-vous dire cela ?»

L'homme lui a répondu :

«Swami, que pouvons-nous donc faire en ce monde ? Nous vivons au plus cent ans. Là-dessus, cinquante années sont inutilisables car nous les passons à dormir, ou bien ce sont les années de l'enfance ou de la vieillesse, au cours desquelles nous ne pouvons rien faire. Dans la jeunesse, nous sommes préoccupés par nos projets d'avenir, par les tentations et les ambitions. Le reste du temps, nous le passons dans la salle de bains, ou bien nous mangeons ou cuisinons, et puis il y a encore une foule d'autres choses. Et il y a la colère et l'angoisse et les problèmes etc. Comment donc trouver du temps pour la sadhana ? Il n'y a pas le temps ! Nous devons nous occuper de nos enfants, de nos amis et de notre famille. Lorsqu'un enfant naît, il faut se réjouir. Lorsqu'il y a un décès, il nous faut le déplorer et assister aux funérailles. Nous avons tant à faire. Nous n'avons pas de temps à consacrer à ces histoires de religions et de spiritualité. Je pense que c'est ridicule. Personne n'a de temps pour cela. »

Alors le swami a dit : «Oui, vous avez raison. Et je veux ajouter autre chose : cette terre ne peut pas me nourrir. Il n'y a pas de place, la terre est trop petite pour qu'y pousse la nourriture dont j'ai besoin. Elle est trop petite !»

L'homme a répondu : «Swami, comment cela est-ce possible ? Vous mangez beaucoup, c'est vrai, mais comment pouvez-vous affirmer que la terre ne peut pas vous nourrir ?»

Le swami a dit : «Non, non ! Que voulez-vous dire ? Cette terre n'est après tout qu'un point minuscule dans l'espace. Elle est très petite. Qu'est-ce que la terre si on la compare au soleil et aux autres étoiles ? Ce n'est rien, c'est un grain de poussière. Et cette terre est recouverte d'eau aux trois-quarts. Et que reste-t-il ? Il y a tant de montagnes et de rivières ; il y a des villes comme Bombay, Delhi, New York, Los Angeles. Puis il y a tant de routes, de forêts. Tout cela est inutilisable pour faire pousser de la nourriture. Que reste-t-il ? Il y a tant d'animaux, tant d'insectes, et puis des milliards d'êtres humains ! Comment peut-on trouver assez de terres cultivables pour les nourrir tous ?»

Alors l'homme a répondu : «Swami, ce que vous dites semble vrai, et pourtant il y a une erreur quelque part parce que, malgré tout, tout le monde mange.»

Le swami a répliqué : «Ce que tu as dit semblait vrai, mais malgré tout, il reste encore beaucoup de temps à consacrer à la sadhana.»

Donc, si nous y regardons de près, il est possible de trouver le temps si nous ne le gaspillons pas, c'est tout. Vous savez ce que dit Amma :

«Le temps perdu est perdu à jamais ; il est impossible de le regagner.»

Nous gaspillons beaucoup de temps ! Nous prononçons beaucoup de paroles inutiles, nous lisons tant de choses qui ne servent pas à notre progrès spirituel. Voyez donc le temps que vous perdez et si vous l'utilisez pour la sadhana, vous progresserez, cela ne fait aucun doute.

Le verset suivant :

« Si quelqu'un désire manger des dattes, même si l'arbre est infesté de guêpes, il prend le risque de grimper pour atteindre les fruits. Ainsi, celui qui a la conscience du but (lakshya bodha) surmonte n'importe quelles difficultés.»

Lakshya bodha, c'est le désir d'atteindre le but de la vie spirituelle. Celui qui est animé par le désir d'atteindre l'éveil y parviendra en dépit de toutes les difficultés qui surgiront. Il bravera les circonstances adverses sans trouver cela si difficile et il les vaincra. Le guru est celui qui nous montre le chemin et qui fait surgir les plus gros obstacles. Le guru n'est pas l'obstacle, les obstacles sont en nous. Beaucoup d'entre nous blâment Amma : « Amma, pourquoi m'as-tu mis devant ce problème ? Pourquoi as-tu créé cette difficulté ? » Ce n'est pas Amma l'obstacle et Elle n'en est pas responsable. Tous les soi-disant ennuis, toutes les difficultés qui surgissent sont destinés à nous permettre de progresser, d'affiner notre sadhana. C'est pour nous faire des muscles, de gros muscles spirituels. Pour développer des muscles, il faut des haltères lourdes. Pas lourdes au point que vous ne puissiez pas les soulever. Mais pas assez légères pour que vous les souleviez sans effort. Il faut une certaine résistance, alors vos muscles grossiront. Alors que se passe-t-il ? On vous donne des poids de plus en plus lourds. Amma ne vous donnera jamais une épreuve que vous ne seriez pas capable de supporter. Même si c'est désagréable, c'est uniquement pour notre croissance.

Histoire de Manj et de son Guru Maharaj

Voici l'histoire d'un dévot appelé Manj auquel son guru a imposé de vraies épreuves. Manj avait entendu parler d'un Mahatma qui habitait non loin de chez lui, d'un être éveillé. Il est donc allé le trouver, il a fait son pranam et il a dit : «Maharaj, je voudrais recevoir votre initiation.» Il s'agit d'une histoire vraie. Donc le guru, qui était omniscient, savait que cette homme vénérait chez lui une magnifique statue. Il avait même construit une salle de puja spéciale pour l'idole. Cela faisait longtemps qu'il pratiquait cette sadhana et il avait fait beaucoup de progrès. Mais il n'était pas allé plus loin, c'est-à-dire qu'il ne ressentait pas l'omniprésence de Dieu. Il ne sentait pas la présence de Dieu en lui-même, il ne la percevait que dans l'idole.

Le guru déclara donc: «Je vais t'initier à une condition : tu rentres chez toi et tu démantèles ta salle de puja.» Tout le monde s'est exclamé : «Oh, c'est terrible !» Mais voyez-vous, les gurus connaissent quelque chose que nous ignorons. Ils connaissent la réalité suprême. Et à ce niveau de conscience, il n'y a pas de règles. Les distinctions établies dans le monde entre ce qui est juste et ce qui ne l'est pas n'existent plus.

Manj a reconnu la grandeur du maître. Il est donc parti aussitôt, il est rentré chez lui et a commencé à démolir sa salle de puja, en ne laissant pas une brique debout ! Les voisins sont venus voir, ils se sont attroupés et ils ont dit : «Mais que fais-tu ? Tu es fou ! Tu es en train de commettre un grand péché ! Il te faudra payer pour cela ! Fais attention !» Il a répondu : «Je suis prêt à tout.

C'est mon maître qui m'a donné l'ordre de faire cela.» Puis il est retourné voir le guru et il a reçu le mantra. Il est rentré chez lui et les ennuis ont commencé. D'abord son cheval est mort. Puis les vaches sont mortes. Enfin des voleurs sont venus et ont volé tout ce qui était dans la maison. C'était un homme très riche, un grand propriétaire.

Les villageois ont fini par venir le trouver et lui dire : «Tu vois, nous te l'avions bien dit, tout cela arrive parce que tu as détruit ta salle de puja ! Tu n'aurais pas dû faire cela, c'était une très mauvaise action ! Qui est donc le guru qui t'a commandé de faire cela ?» Il a répondu : «Je ne veux rien entendre ! J'ai une foi totale en mon guru. C'est lui qui m'a dit de le faire, il sait ce qui est bien, il sait ce qu'il y a de mieux pour moi.» Les choses sont allées de mal en pis, il a perdu tout son argent, il s'est endetté. Quand les villageois ont vu qu'il ne pouvait pas rembourser, ils l'ont exilé, ils l'ont chassé du village.

Il a donc pris le peu qu'il lui restait et il a quitté le village avec sa femme et sa fille. Ils se sont installés dans un autre village, dans une hutte. Comme il était auparavant grand propriétaire, il ne savait rien faire. Il a donc appris à couper l'herbe. Il coupait l'herbe dans les champs et il la vendait aux propriétaires de vaches et de chevaux. Au bout de six mois, un messager est arrivé avec une lettre. C'était une lettre du guru.

L'émissaire a dit : «C'est une lettre de votre guru. Mais il a mis une condition : pour que je vous donne la lettre, vous devez me donner vingt roupies. Sinon, je dois la rapporter.»

Manj a répondu : «Je n'ai pas vingt roupies.» Il s'est tourné vers sa femme et il a dit : «Qu'allons-nous faire ?»

Elle a répondu : «Ma fille et moi avons peut-être juste assez de bijoux pour en retirer vingt roupies. »

Ils sont allés en ville mettre les bijoux en gage et ils en ont obtenu exactement vingt roupies ! Ils les ont données au messager.

Manj a pris la lettre et l'a mise sur son cœur. Et l'émotion s'est emparée de lui, si intense qu'il est entré en samadhi. C'est tout ce qu'il faut : un amour intense et total pour Dieu, pendant un moment. Le mental dispersé se rassemble, il se concentre en un seul point et cet état est appelé samadhi. Pour la plupart, il nous faut lutter pour y parvenir. Nous méditons, nous chantons des bhajans, nous faisons telle ou telle pratique. Mais si quelqu'un a cet amour intense, cela se produit en un instant. C'est ce qui lui est arrivé.

Puis il est sorti de son samadhi, il a ouvert la lettre et il a lu : «Manj, venez vivre dans mon ashram, toi et ta famille.» Ils ont donc fait leurs bagages et se sont précipités à l'ashram. Là, ils se sont mis à travailler à la cuisine, lui, sa femme et sa fille. Ils nettoyaient par terre, ils faisaient la vaisselle, ils coupaient du bois.

Un jour, le guru lui demanda : «Que mangez-vous ?»

Il répondit : «Oh, nous mangeons à la cuisine.»

«Oh, vraiment, et pourquoi mangez-vous à la cuisine ?»

«Eh bien, nous travaillons, c'est pourquoi les résidents de l'ashram nous donnent aussi à manger.»

Alors le guru déclara: «Ce n'est pas du service ! Ce n'est pas du service désintéressé, c'est un simple paiement !» Et il s'en alla.

Manj se sentit très coupable. «Oh mon Dieu ! J'ai commis une grave erreur ! J'ai tout reçu du guru, j'ai reçu le mantra qui va me donner la libération et je voulais en plus qu'il me nourrisse !»

Dès lors, il sortait la nuit pour aller couper du bois dans la forêt et le vendre le matin. Dans la journée, il servait le guru. L'argent qu'il gagnait lui permettait de se nourrir et de nourrir sa famille. Pourtant, ils vivaient à l'ashram. Mais il ne désirait absolument rien pour lui-même. Le guru le remarqua et songea : «Quel dévot extraordinaire !» Et il décida de le bénir, de lui accorder le fruit de sa sadhana.

Un jour que Manj était en train de ramasser du bois, un orage énorme s'est levé et le vent l'a fait tomber dans un puits, un puits peu profond. Il ne pouvait pas en sortir ! Le guru le savait car c'est lui qui avait déclenché l'orage. Un guru a tous les pouvoirs ! Mère Nature est entre ses mains. Le guru dit aux autres gens de l'ashram : «Venez, il faut trouver Manj ; il est tombé dans un puits.» Ils partirent le matin et il dit à un de ses disciples : «Prends la corde et jette-la dans le puits. Mais je veux que tu dises quelque chose quand tu la lanceras.» Et il lui murmura quelque chose à l'oreille.

Le disciple fit descendre la corde dans le puits en disant : «Manj, est-ce que tu es là ?»

«Oui, oui.»

«Que fais-tu ?»

«Je suis assis dans l'eau et je porte sur la tête le bois destiné au guru pour qu'il ne soit pas mouillé. Ce bois doit aller à la cuisine dès que Dieu m'aura sorti de là.»

Alors le disciple dit : «Mais quel genre de guru as-tu donc ? Il ne sert à rien ! Il te donne tant de souffrances ! Depuis le jour où tu l'as rencontré, il ne t'a donné que de la souffrance ! Pourquoi as-tu encore de la dévotion envers lui ? Tu es vraiment sot !»

Manj répondit : «Va-t'en ! Reprends ta corde. Je ne veux pas entendre de telles paroles. Tout ce qui m'est arrivé depuis le premier jour où je l'ai rencontré et où j'ai pris refuge en lui jusqu'à aujourd'hui, c'est ce qu'il y avait de mieux pour moi. Le guru sait ce qui est bon. Si j'aime le maître, ce n'est pas pour qu'il me permette d'échapper à la souffrance ; c'est par dévotion, par dévouement, par foi, c'est tout. Tu peux garder ta corde.»

«Oh non, non, ce n'était qu'une plaisanterie !» répondit le disciple.

Manj sortit et, voyant le guru, il est tombé à ses pieds en pleurant. Ses larmes coulaient.

Le guru l'étreignit et dit : «Manj est l'enfant chéri de son guru et le guru est le seul amour de Manj. Manj, comme le guru, est désormais un vaisseau qui permet aux gens de traverser en sécurité l'océan de la vie et de la mort. »

Om Namah Shivaya!

Satsang à M.A.Center, 1995
Cassette 8 - Face B

Le libre arbitre et la grâce

Nous allons parler aujourd'hui du destin, du libre arbitre et de la grâce divine. Comment ces trois éléments sont-ils associés ? Comment sont-il reliés ? C'est notre sujet d'aujourd'hui.

Vous savez que l'astrologie est une science reconnue en Inde depuis des milliers d'années. C'est même un Upaveda, une des branches ou sous-branches des Védas. L'astrologie s'est récemment popularisée en Occident. Mais j'ai remarqué quelque chose : nombre de gens sont venus me voir avec un problème. Ils ont fait faire leur thème astrologique : il indiquait qu'ils allaient traverser une période de grandes difficultés, ou bien qu'ils n'allaient pas réussir dans la vie spirituelle, qu'il était inutile d'essayer. Impossible d'y faire quoi que ce soit : c'était écrit dans l'horoscope. Et ils en étaient profondément affectés.

Un Mahatma apparaît en rêve à Swamiji

En fait il m'est arrivé quelque chose de similaire. Avant de rencontrer Amma, j'étais allé voir un ami astrologue, non pas pour connaître mon avenir, mais simplement parce que c'était un ami et un sadhak, donc un compagnon sur la voie spirituelle. Il connaissait mon horoscope, il m'en a parlé et il m'a dit : «Tu sais, bientôt, dans le courant de l'année qui vient, tu vas tomber très malade. Il va t'arriver beaucoup de pépins et tu pourrais même mourir. Et si tu ne meurs pas, il te faudra aller chez ta mère et la servir pendant longtemps.» J'ai pensé : «Comment ? J'ai tout quitté, je suis venu en Inde, j'y ai vécu pendant dix ans et maintenant je devrais retourner à Los Angeles, faire les courses pour ma mère et m'occuper d'elle. Quel destin !»

Naturellement, j'étais préoccupé : j'allais devoir endurer toutes ces épreuves, j'allais tomber très malade, cloué au lit, et si je ne mourais pas, il me faudrait faire ce genre de seva ! Ces pensées m'agitaient au point que je ne pouvais plus dire mon mantra. Je ne pouvais plus penser à Dieu, j'étais incapable de méditer ; il ne restait plus que l'angoisse. C'est ce qui arrive à beaucoup de gens.

J'ai eu de la chance, j'ai fait un rêve. Au moment où je ne savais plus quoi faire, où mon désarroi était total, un mahatma m'est apparu en rêve, un rêve très vivant. Il m'a dit : «Qu'est-ce que cette absurdité ? Tu es venu à Bhagavan, tu as pris refuge en Dieu, tu t'es abandonné à Lui et tu t'efforces de Le réaliser ; ton destin est entre Ses mains. Tu ne devrais pas y penser. Continue à faire ta sadhana et efforce-toi de réaliser Dieu. Quoi qu'il puisse t'arriver, accepte-le comme Sa volonté.»

Et je me suis réveillé aussitôt après. A partir de ce jour, je ne me suis plus jamais inquiété de ce qui allait m'arriver. J'ai cessé d'y penser. Il me semble que c'est l'attitude que nous devrions adopter par rapport à l'astrologie. C'est une science qui a son utilité, mais qui a aussi ses limites. Elle a une certaine place dans la vie d'un dévot, mais elle n'est pas l'instance suprême. Rien n'est gravé dans la pierre, comme dit le dicton.

Amma affirme qu'il est possible d'influencer le destin. C'est possible en y appliquant notre volonté, c'est également possible par la grâce de Dieu ou par la grâce du guru qui, en réalité, sont une seule et même chose, seule la forme est différente.

Histoire du petit garçon qui a eu la volonté de vaincre le destin

J'aimerais donc vous raconter une histoire, une histoire vraie, qui montre qu'il est possible de surmonter la grâce – euh, de surmonter le destin – grâce à un effort personnel ! (Il n'y a pas besoin de beaucoup d'effort pour vaincre la grâce ! Beaucoup d'entre nous la refusent quand elle vient !)

C'est l'histoire d'un petit garçon qui vivait il y a environ soixante ans, je crois, sur la côte est des Etats-Unis. Il s'appelait Glenn Cunningham et il allait à l'école dans un des villages. On lui a confié la responsabilité de chauffer l'école. Autrefois, il n'y avait qu'une salle de classe, chauffée grâce à un poêle à charbon ou à bois. Le petit garçon était donc chargé d'arriver un peu plus tôt et de démarrer le feu pour que la pièce soit chaude quand tout le monde arriverait.

Il accomplissait sa tâche très consciencieusement. Un jour, quand les autres sont arrivés, ils ont trouvé l'école en feu. Le petit garçon était inconscient et la partie inférieure de son corps était gravement brûlée. Ils l'ont sorti de là et l'ont emmené à l'hôpital. On pensait qu'il ne survivrait pas. Le médecin a confié à sa mère : «Il n'y a vraiment aucune chance pour qu'il vive.» Ils étaient au chevet du petit garçon qui les a entendus. Il était légèrement conscient et il a décidé de ne pas mourir. Il a fait un sankalpa. Il a pris la ferme décision de vivre. Et curieusement, il n'est pas mort. Lentement, il s'est rétabli, mais il était entièrement paralysé à partir de la taille. Ses jambes ne fonctionnaient pas du tout. Il avait été très gravement brûlé et il ne restait plus grand chose.

Quand il est sorti de l'hôpital, le docteur a dit à sa mère, en pensant que le garçon ne les entendait pas : «Vous savez, il ne marchera jamais.» Mais il a entendu cela aussi et il a décidé qu'il marcherait. «Je marcherai et je vais même courir !» Cela semblait parfaitement impossible, mais il en a pris la ferme décision. Sa mère l'a donc emmené à la maison et il était la plupart du temps au lit. Mais on le sortait parfois dans une chaise roulante pour qu'il prenne le soleil. Un jour qu'il était dehors, sa mère est rentrée et il s'est jeté dans l'herbe, il a rampé jusqu'à la clôture, il s'y est cramponné pour se relever et il a avancé le long de la palissade, toujours en s'y accrochant. Sa mère l'a vu mais ne l'en a pas empêché. Il a fait cet exercice chaque jour, jusqu'à ce qu'il soit capable de tenir debout. Puis il a réussi à marcher, et même à courir. Plus grand, il a fait du sport, il est devenu un athlète et il a même gagné une médaille de champion du monde de course à pieds à Madison Square Garden sur la distance de mille mètres.

Ce garçon était censé mourir ; il était complètement paralysé.

C'est donc l'exemple de quelqu'un qui a surmonté le destin grâce à la puissance de sa volonté ; c'est très rare, mais c'est possible. En effet, qu'est-ce que le destin ? Ce n'est rien d'autre que le résultat de nos actions passées qui fait irruption dans notre présent. Le destin a donc une cause. Si nous faisons assez d'efforts, il doit être possible de transcender cela, de dépasser l'obstacle. Mais pour la plupart, nous ne sommes pas assez motivés. Nous acceptons notre destin ou nous prenons un détour plus facile. Ce petit garçon était une exception.

Je vais vous lire un extrait de Paroles d'Amma :

«Le fruit de n'importe quelle action peut être racheté par une autre action.»

C'est exactement notre sujet.

«Si nous lançons une pierre en l'air, ne pouvons-nous pas la rattraper avant qu'elle ne retombe par terre ? De même, le résultat de n'importe quelle action peut être contrecarré. Il est inutile de s'affliger et de ruminer au sujet du destin. Un horoscope peut être modifié par la décision de Dieu. Même si les planètes indiquent le mariage avec une forte probabilité,

si on pratique dès sa jeunesse une sadhana et si l'on recherche la compagnie des sages (satsang), les perspectives de l'horoscope changeront. On en trouve même des exemples dans les épopées.» (Les épopées de l'Inde ancienne : le Ramayana et le Mahabharata. N.d.t.)

Amma s'adresse ici à un moine, à un brahmachari. Certains ont un horoscope qui indique le mariage, ce qu'ils veulent éviter. Ils ne souhaitent pas mener une vie profane. Amma leur dit que cela ne doit pas forcément se produire, même si c'est inscrit dans les planètes. Dans mon cas, l'horoscope indiquait que je tomberais très malade et que si je n'en mourais pas, je rejoindrais ma mère et je la servirais. Eh bien ! je suis en effet tombé très malade, j'ai failli mourir. C'est alors que j'ai rencontré notre Mère et depuis, je suis à Son service. Mon horoscope était donc juste, mais tout est arrivé de manière différente. C'était imprévu. L'interprétation n'était pas fausse, elle a simplement omis un petit détail.

Histoire de Markandeya

Amma mentionne qu'il existe dans les épopées des exemples de destins qui ont été modifiés. Je pense à deux exemples qu'Elle avait sans doute à l'esprit.

Le premier est très connu, c'est l'histoire de Markandeya.

Markandeya est l'une des figures célèbres de l'histoire de l'Inde ancienne. Pendant longtemps, ses parents sont restés sans enfants et ils ont décidé de se livrer à une ascèse pour obtenir un enfant. C'est ce que les gens faisaient autrefois s'ils n'arrivaient pas à satisfaire un de leurs désirs, ils avaient recours aux pratiques spirituelles. Les parents ont donc prononcé des vœux : faire un certain nombre de mantra japa, de pujas et de homas, se rendre au temple, etc. Et ils ont obtenu la vision de Shiva, qui leur a dit : «Je suis satisfait de votre ascèse et je vais vous accorder un fils.

Mais vous avez le choix : vous pouvez avoir un fils qui vivra peu de temps mais qui sera brillant en tout, ou bien un incapable qui vivra cent ans. Lequel voulez-vous ?» Ils répondirent : «Nous voulons le fils brillant.» Ils ne voulaient pas mentionner la brève durée de sa vie. Alors Shiva a dit : «Très bien, il ne vivra que seize ans.»

Le garçon est né et il excellait en tout : c'était un grand érudit, un expert en matière de spiritualité ; il se montrait aimable et doux envers tous. Il était pour ses parents une grande source de joie mais aussi d'affliction car ils savaient que, lorsqu'il aurait seize ans, il les quitterait. A l'approche de son seizième anniversaire, ils étaient vraiment très malheureux. Le garçon, bien entendu, l'a remarqué et leur a demandé la raison de leur chagrin. Ils ont fondu en larmes et ont fini par lui dire : «Tu es destiné à mourir le jour de tes seize ans. Cette idée nous est insupportable.» «Je ne mourrai pas», a-t-il déclaré.

Et il est parti dans la forêt. Il est allé dans un temple consacré à Shiva et il a vénéré Shiva : il faisait des pujas, récitait l'archana, méditait et faisait japa. Au jour et à l'heure de son anniversaire, Yama, le dieu de la mort, est apparu. Mais Markandeya a crié : «Shiva, sauve-moi !» Et il s'est agrippé au Shiva lingam du temple. Shiva s'est manifesté, il a repoussé Yama d'un coup de pied en disant : «Va-t-en ! Il est mon dévot ! Tu n'as rien à voir avec lui !» Yama a pris la poudre d'escampette et Shiva a déclaré : «Je suis très satisfait de toi. Je te bénis, je t'accorde l'immortalité.»

Markandeya est donc une des rares âmes qui gardent la même forme, éternelle, jusqu'à la dissolution de l'univers. On les appelle des chiranjivi. On dit qu'il vit dans les Himalayas. Nous ne le voyons peut-être pas, mais il est là et quelques autres avec lui.

Voilà donc un exemple auquel Amma songeait sans doute, celui de Markandeya, qui a surmonté le destin en vénérant Dieu et en obtenant Sa grâce.

Histoire d'Harichandra et de la grâce du Guru

Le destin peut aussi être surmonté par la grâce du guru. Une belle histoire illustre ce point, c'est celle d'Harichandra, qui fait également partie des épopées.

Harichandra était un grand roi, un empereur. C'était aussi un grand dévot, réputé surtout pour son honnêteté.

Il est très important d'être honnête parce que la vérité, au sens abstrait, est la réalité. Brahman, Satchidananda, Dieu, est la vérité. C'est ce que nous ne voyons ni ne percevons. Nous voyons ce monde et nous croyons que c'est la vérité, la réalité, mais c'est une erreur. Les sages nous disent que ce que nous voyons est un rêve et que la réalité, la vérité, nous est cachée par maya, l'illusion. La vérité, cette vérité abstraite, se manifeste dans le monde par la vérité relative. Tout le monde sait ce qu'est la vérité, c'est le contraire de …Ashok ?

(Ashok) : «Du mensonge ?»

Très juste, c'est le contraire du mensonge, de la fausseté.

Harichandra veillait scrupuleusement à dire la vérité, évitant de faire même le plus petit mensonge.

Vous connaissez peut-être l'histoire de swami Brahmananda, le disciple de Ramakrishna Paramahamsa. Cela se passait au siècle dernier. Il était encore très jeune quand il est allé voir Ramakrishna après avoir joué avec quelques-uns de ses amis. En arrivant à Dakshineshwar, il s'est prosterné devant Ramakrishna. Quand il s'est relevé, Ramakrishna lui a dit :

«Qu'est-ce que tu as ?»

Il s'examine et dit : «Tout va très bien, je me sens très bien.»

- «Non», dit Ramakrishna, «il y a un nuage noir autour de toi. Réfléchis, as-tu fais aujourd'hui quelque chose de mal ?»

- «Non, je n'ai rien fait de mal.»

- «As-tu dit un mensonge ?»

Il réfléchit : «Non, je n'ai pas menti.»

- «Même pas pour plaisanter ?»

- «Si, je racontais une blague à mon ami et j'ai menti, juste pour le faire rire.»

- «Un sadhak, un être spirituel, ne doit pas mentir, pas même pour plaisanter, car cela a sur lui un effet nuisible.» répond Ramakrishna.

Telle est donc l'importance de la vérité.

Harichandra en était conscient. Qui sait, il avait peut-être eu une expérience similaire ? Il avait un guru, dont le nom était Vishvamitra. Or dans l'horoscope d'Harichandra, il était écrit qu'il allait tout perdre. Son destin était de tomber dans l'indigence et même … pire. Qu'y a-t-il de pire que l'indigence ? Vous allez bientôt le savoir. Le guru connaissait donc ce qui était inscrit dans les étoiles et il s'en occupa. Mais pas de la manière dont nous nous en occuperions, c'est-à-dire en nous assurant que cela n'arrivera pas. Vishvamitra a fait en sorte que cela arrive à Harichandra avant le moment prédit et que tout se déroule selon sa volonté.

Il appelle un jour son disciple et lui dit :

«Harichandra, si je te demande quelque chose, me le donneras-tu ?»

«Je te donnerai tout ce que tu veux, maître», répond le roi. Vishvamitra dit alors :

«Je veux tout le contenu de ton trésor.»

Harichandra sort son chéquier et donne le tout au guru. Puis Vishvamitra dit :

«Je veux aussi tous tes biens, les villages, les terres, le palais, je veux tout, excepté toi, ta femme et ton fils.»

Harichandra : «Très bien, c'est fait.»

Tous trois se lèvent et quittent la ville. Où aller ? Il leur fallait trouver un endroit pour vivre, il leur fallait mendier leur nourriture. Mais Vishvamitra dit encore : «Ce n'est pas tout. Je veux encore cent roupies.»

«Où vais-je trouver cent roupies ?» répond Harichandra. «Je ne possède rien en dehors des vêtements que je porte.»

«Ce n'est pas mon problème. Je te donne un mois pour trouver cent roupies. Sinon je te maudirai. Tu seras frappé d'infamie pour avoir menti. Tu as promis de me donner tout ce que je demanderai.»

Très contrarié, Harichandra s'en va à Bénarès avec toute sa famille pour chercher du travail. Mais il n'en trouve pas et ne sait plus quoi faire. Le délai d'un mois s'écoule ainsi et le jour fatidique arrive. Le guru dit «Que se passe-t-il ? Où est l'argent, où sont les cent roupies ?» Harichandra, ne sachant que faire, se tourne vers sa femme et son enfant. Elle lui rend son regard et dit : «Je sais quoi faire : je vais me vendre comme esclave et tu lui donneras l'argent.» Cette idée lui est insupportable, mais Harichandra n'a pas le choix et il accepte. Elle monte sur l'estrade et se vend comme servante. L'acheteur dit : «L'enfant serait utile aussi, il pourrait couper les légumes.» Et le fils est vendu. Harichandra reçoit l'argent.

Mais il n'y a que quarante-cinq roupies. Il les donne à Vishvamitra qui attendait : «Donne-moi l'argent.»

Bien sûr, si vous regardez de l'extérieur, vous vous dites : «Voilà un guru bien étrange ! Quel comportement !» Mais il faut regarder de l'intérieur et se demander : pourquoi fait-il tout cela ?

«Eh bien, où est le reste ? Il manque cinquante-cinq roupies !»

Harichandra monte alors sur l'estrade et se vend. Il obtient exactement la somme qui lui manquait : cinquante-cinq roupies, et la donne au guru qui chante et danse de joie.

Savez-vous qui a acheté Harichandra ? Quelqu'un de très intéressant : le bourreau, celui qui était chargé d'exécuter les condamnés. Il s'occupait aussi des crémations. Il récupérait les vêtements des morts et il les vendait. Il s'assurait que la crémation était bien faite, que les os étaient brûlés etc., afin qu'il y ait de la place pour le corps suivant. Bref, un chouette travail ! Harichandra est devenu son assistant. Il l'a chargé des crémations. Il ne devait brûler aucun corps sans que la crémation ait été payée. Voyez à quelle misérable condition se trouve réduit notre ex-empereur. Il mange les restes des offrandes faites aux morts.

Il existe en effet en Inde de nombreux rituels (karmas) pour satisfaire les âmes des disparus et les divinités présentes sur les lieux de crémation et certains sont des offrandes de nourriture : on cuisine du riz, des graines de sésame et d'autres aliments. Puis ces plats sont offerts aux corbeaux pendant que l'on psalmodie certains mantras. *(D'après la croyance populaire, l'âme du défunt revient sous la forme d'un corbeau rendre visite aux proches. N.d.t.)*

Harichandra vit donc des restes de ces offrandes. Et comme il est toujours à côté des bûchers funéraires en train d'attiser le feu, respirant la fumée des corps qui se consument, il tombe malade et souffre des poumons. Devenu méconnaissable, il a lui-même l'apparence d'un fantôme. Plusieurs années s'écoulent ainsi et toujours il fait son devoir, son dharma, sans jamais flancher, soutenu par le sentiment qu'il doit rester fidèle à la vérité.

Un jour sa femme vient au bûcher funéraire. Elle aussi est méconnaissable, maigre, les cheveux abîmés, les vêtements déchirés. Et voici qu'elle porte le corps de son fils mort ! Le garçon avait été mordu par un serpent et il était mort. D'abord, il ne la reconnaît pas et elle non plus. Ils ignoraient l'un et l'autre le lieu où ils vivaient. Elle dit : «Je suis venue pour la crémation de mon fils.» Il demande l'argent. «Je n'en ai pas», répond-elle. «Je suis servante et ne reçois que de la nourriture, c'est tout. Je n'ai rien.» Au son de sa voix, il la regarde et voit qu'elle est sa femme et que l'enfant mort est son fils.

«Qu'aurais-tu fait dans ce cas, Ashok ?»

(Ashok) «Je ne sais pas.»

«L'aurais-tu laissée rentrer sans payer ?»

«Oui»

Tu vois, c'est toute la différence entre Harichandra et toi.

«Je suis désolé, dit-il, tu ne peux pas rentrer si tu ne me donnes pas une roupie. Mon patron m'a ordonné de ne laisser rentrer personne sans payer, alors je ne peux pas procéder à la crémation si tu ne donnes pas une roupie.» La mère répond alors : «Je n'ai absolument aucun argent. Je vais te donner mon vêtement.» Elle n'a sur elle qu'un morceau de tissu et commence à l'enlever pour le lui donner.

Deux dieux apparaissent alors, Indra et Dharma, le dieu de l'honnêteté, de la justice divine. «Arrête ! Ne fais pas cela !» disent-ils. «Nous sommes satisfaits de votre fidélité à la vérité.» Ils ressuscitent l'enfant et se démasquent : l'un était le propriétaire de la femme et l'autre celui des lieux de crémation, dont Indra et Dharma avaient pris l'apparence. «Nous voulions simplement vous mettre à l'épreuve pour voir si vous étiez dignes de recevoir l'état de réalisation. C'est pourquoi vous avez subi ces tribulations et vous avez passé le test haut la main, tous les deux.»

Tous deux reçurent l'éveil à l'instant même. Vishvamitra vint aussi donner sa bénédiction.

Voici le sort terrible qu'Harichandra a dû connaître sans pouvoir y échapper. Pourquoi ? Dieu seul le sait ! Mais il avait la grâce du guru et tout a tourné à son avantage.

Histoire du dévot qui a échappé à la mort par la grâce d'Amma

On en trouve un autre exemple dans l'un des livres d'Amma. Je vais vous en lire un extrait :

«Un des dévots avait le front bandé et Amma, inquiète, lui demanda ce qu'il avait. Avec un sourire malicieux, il répondit : «Amma, Tu le sais bien. Sans Toi je n'aurais pas pu venir ici aujourd'hui. » Il accéda pourtant à la requête d'Amma et Lui raconta qu'il avait eu un accident de moto

en rentrant chez lui après le travail. Il avait hâte de voir son fils, cloué au lit par une forte fièvre et il conduisait très vite, malgré la pluie et une circulation dense. Tandis qu'il se faufilait entre les véhicules, un camion est apparu en face de lui sur la voie et l'a heurté de plein fouet. Le choc a été si violent que la moto a rebondi sur le camion et qu'il a été éjecté de son siège. J'ai cru que j'allais être écrasé par les véhicules qui arrivaient à toute vitesse. J'ai rassemblé toutes mes forces et j'ai crié : «Amma ! Sauve-moi ! Protège-moi !» Puis je me suis rappelé mon fils et j'ai dit : «Amma, mon fils !» J'ai fermé les yeux et j'ai attendu la mort, attendant d'être écrasé sous les roues d'un camion. Mais cela ne s'est pas produit. J'ai eu la sensation que des mains me portaient, on aurait dit que je flottais ou que je volais dans l'air, mais je sentais nettement que je reposais entre des mains, comme dans un berceau. J'ai ouvert les yeux, je sentais toujours les mains, mais je n'ai vu personne. Puis, lentement, un visage est apparu : c'était Toi, Amma, c'était Toi.»

Amma a dit :

«Cet accident était prédestiné. Il n'y aurait pas survécu, car il était destiné à mourir. Mais Amma l'avait averti il y a plusieurs mois qu'il pourrait lui arriver quelque chose de grave, de très sérieux, et qu'il devait méditer et prier le plus possible. Il a obéi et il a suivi tous les conseils d'Amma. Son obéissance, sa sincérité et sa dévotion lui ont permis de recevoir la grâce de Dieu. C'est cette grâce qui l'a préservé de la mort. Mais n'oubliez pas que le grave accident a bien eu lieu. Il devait passer par cette expérience, mais il a été sauvé. C'est le fruit de son effort personnel, du dévouement et de la sincérité dont il a fait preuve dans sa sadhana. Cela lui a sauvé la vie. Mes enfants, il est possible de transcender

le destin grâce à des efforts sincères et dévoués. Dans ce cas, Dieu Lui-même change le destin de la personne.»

Il a donc suivi le conseil d'Amma. Il a traversé cette terrible expérience mais il ne lui est rien arrivé.

Marilyn et Shakti sortent indemnes d'un accident de voiture

Cette histoire me rappelle quelque chose qui est arrivé ici il y a, je crois, un an ou deux. Marilyn vient ici presque tous les jours pour faire du seva et elle descendait vers midi la route de Crow Canyon, une des routes les plus dangereuses de la Californie. Il y a beaucoup de virages sans visibilité et les gens conduisent vite. Une voiture qui venait en sens opposé l'a heurtée de plein fouet. Sans doute le conducteur allait-il trop vite ou bien était-il ivre. La voiture a fait plusieurs tonneaux puis elle a atterri au bord de la route, sur le toit, toutes les vitres éclatées. Marilyn n'a rien eu et sa petite fille Shakti, que vous voyez parfois gambader ici, non plus. Elle se trouvait à l'arrière, attachée dans un siège pour bébés. Marilyn s'en est tirée avec une petite raideur à la nuque. Elle m'a raconté que, juste avant l'accident, elle pensait très fort à Amma. L'instant d'après, la voiture est arrivée. Cet accident était inscrit dans sa destinée. Mais je pense que, par la grâce d'Amma, il n'y a eu que des dégâts matériels.

Toutes ces histoires ne sont pas simplement dans les livres ; ces événements sont bien réels. Et cela n'arrive pas qu'en Inde auprès d'Amma.

Il nous faut perdre l'identification avec le corps

Nous pouvons réduire notre mauvais karma grâce à nos actions. C'est une des raisons pour lesquelles Amma a créé les temples Brahmasthanam. Il en existe cinq ou six en Inde.

Une de leurs fonctions principales est de permettre aux gens d'alléger leur mauvais karma en faisant des rituels dans ces temples. C'est une des manières dont Amma aide les gens.

Mais au milieu de tout cela, n'oublions pas l'essentiel : bien que nous soyons tous identifiés à notre forme physique, nous avons choisi la vie spirituelle et nous devons être conscients que le corps n'est pas l'atman. Bien que nous lui consacrions vingt-quatre heures sur vingt-quatre, passant notre temps à penser à lui, à nous occuper de lui, à le pomponner et à le satisfaire, le corps n'est pas notre être réel. Il peut périr à tout instant.

Pourquoi consacrer tout notre temps, toute notre énergie et toutes nos pensées au corps ? Cela n'en vaut pas la peine. Même si notre destin est adouci et si nous parvenons à éviter une partie de la souffrance inscrite dans notre horoscope, en définitive, personne n'échappe à la mort. Personne. Ne soyons donc pas trop identifiés au rêve. Efforçons-nous de réaliser Dieu plutôt que de rendre notre vie matérielle confortable et tranquille. Il n'y a rien de mal à cela ; simplement, ce n'est pas le but de la vie. Même si notre horoscope indique que nous allons traverser une période difficile, ce qui arrive un jour ou l'autre à tout le monde, et en définitive la mort nous emporte tous, cela ne devrait pas nous contrarier parce qu'alors notre esprit est préoccupé par l'illusion, par le rêve. Employons notre énergie à réaliser le Soi, voilà ce que nous dit Amma, peut-être dans le verset suivant :

«Nous avons toujours cru que le corps était réel. Cette croyance a été la cause de bien des souffrances. Adoptons maintenant la croyance opposée : l'atman, le Soi, est éternel et c'est lui qu'il s'agit de réaliser. Si cette idée est fermement ancrée en nous, tous nos chagrins s'évanouiront et nous ne connaîtrons plus que la béatitude.»

Essayons donc de mener une vie heureuse mais, plus que tout, efforçons-nous de percevoir la vérité de cette affirmation : nous ne sommes pas le corps, nous sommes le Soi (Atman). C'est l'unique moyen de transcender réellement le destin.

Voici en post-scriptum un beau poème, écrit par quelqu'un qui a beaucoup souffert et qui n'a jamais vu le terme de ses malheurs. Mais comme c'était un dévot, par la grâce de Dieu, il les a vécus avec l'attitude juste. Et voici ce qu'il dit :

> *J'ai prié Dieu : «Donne-moi de la force que je fasse des prouesses.»*
> *Il m'a créé faible afin que j'apprenne à obéir humblement.*
> *J'ai prié Dieu : «Donne-moi la santé que j'accomplisse de grandes choses.»*
> *Il m'a rendu infirme afin que j'accomplisse des choses meilleures.*
> *J'ai demandé la richesse afin d'être heureux*
> *Il m'a fait pauvre pour me rendre sage.*
> *J'ai demandé la puissance, afin de connaître la gloire.*
> *Il m'a donné la faiblesse pour que j'éprouve le besoin de L'appeler.*
> *J'ai demandé tous les biens, afin de jouir de la vie.*
> *Je n'ai reçu que la vie, pour profiter de tous les biens.*
> *Je n'ai rien obtenu de ce que je demandais,*
> *Mais j'ai eu tout ce que j'espérais.*
> *Presque malgré moi, mes prières tacites ont été entendues.*
> *Entre tous les hommes, j'ai reçu une pluie de bénédictions.*

Om Namah Shivaya !

Satsang à M.A.Center
Cassette 9 - Face A

Le monde est un rêve

Vous avez sans doute remarqué que, pendant la visite d'Amma, la vie spirituelle est devenue une réalité. Nous abandonnons tout pour venir La voir.

D'ordinaire, beaucoup d'entre nous se couchent peut-être à neuf ou dix heures et rien ne peut nous maintenir éveillé. Mais quand Amma est là, les gens restent debout jusqu'à une ou deux heures du matin ou même toute la nuit. C'est chaque nuit Shivaratri. Pendant la visite d'Amma, beaucoup d'entre nous répètent sans cesse leur mantra, sans doute plus que pendant tout le reste de l'année. Certaines personnes sont peut-être devenues végétariennes pendant cette période et certains ont même observé la chasteté. Tout cela a été rendu possible grâce à Sa présence. Et après Son départ, pour beaucoup, c'est redevenu impossible. Nous avons repris nos vieilles habitudes.

Amma dit un jour très clairement que tant qu'Elle est ici, Elle a un but :

«Tant que je suis ici, je veux que les gens pensent sans cesse à Dieu.»

Et Amma nous donne tant de moyens pour cela : les bhajans, le darshan, les satsangs, les intermèdes dramatiques, la puja, le Devi bhava, tout cela nous permet de penser sans cesse à Dieu.

Pourquoi est-ce si important ? L'expérience d'Amma, c'est que nous sommes tous profondément endormis, que nous faisons un long rêve ; nous revenons sans cesse en ce monde, expérimentant la naissance et la mort et, dans ce rêve, nous sommes en quête du bonheur. Mais ce n'est qu'un rêve, ce n'est pas la réalité ultime. Je vais vous lire Ses paroles exactes :

Quelqu'un demande : «Amma, qu'est-ce que cela signifie quand les gens déclarent que le monde n'est qu'une projection du mental ?» Amma a répondu :

«Tout ce que nous voyons est une projection du mental. Imagine que tu fasses un rêve et que dans ce rêve, tu te battes avec une autre personne dans la rue. Comme cela se passe pendant la journée, les gens s'attroupent des deux côtés de la rue pour regarder. Certains encouragent la lutte, d'autres la critiquent et certains essayent d'y mettre fin. Ton adversaire est plus fort que toi et tu reçois beaucoup de coups. Finalement la police arrive et vous arrête tous les deux. Tu passes trois jours en prison. Quand tu sors, tu es plein de honte. Tu es en colère, tu veux te venger. Tu es incapable de te maîtriser. Juste à ce moment, tu te réveilles. Tu prends conscience que tout cela n'était qu'une création de ton mental : la lutte, la rue, ton ennemi, les policiers, la prison, les gens, la honte, la haine. De même, toutes nos expériences en ce monde, tout ce que nous voyons, ne constitue qu'un long rêve. Ce sont les tours de magie du mental. Lorsque nous nous éveillerons, accédant à l'état de réalisation du Divin, nous ferons l'expérience directe de cette vérité.»

Pourquoi le monde va-t-il si mal ?

Amma parle donc à partir de Son expérience, qui n'est pas la même que la nôtre. Un jour que l'état du monde, la manière dont se passe notre vie, tout cela me rendait triste, j'ai demandé à Amma : «Amma, si Dieu est pure compassion, pure grâce, pourquoi le monde va-t-il si mal ?» Amma a répliqué : «Quel monde ?» «Amma, que veux-Tu dire ? Ce monde.» Elle a déclaré : «Tu vois le monde mais pour moi il n'y a pas de monde. Il n'y a que Dieu.»

Alors j'ai dit : «Amma, c'est peut-être vrai pour Toi, pour deux ou trois personnes en ce monde, mais pour des milliards d'autres, il est réel.»

Amma m'a répondu : «Il ne s'agit pas d'un processus démocratique.»

La loi de la majorité ne fonctionne pas ici. Même s'il existe une seule personne qui perçoit ce monde comme un rêve et Dieu comme la réalité, c'est cela la vérité. Le monde, avec tous ses problèmes, ses souffrances et ses joies, vous semble peut-être réel mais, en fait, il ne l'est pas. Lorsque vous serez éveillés, vous percevrez tout cela comme un songe, exactement comme on sait, au réveil, qu'un rêve n'était pas réel. Tant que nous n'en sommes pas là, fions-nous aux paroles de ceux qui sont éveillés. Tant que nous sommes dans le rêve, nous dit Amma, comprenons que notre désir de trouver le bonheur est parfaitement juste ; notre erreur consiste à vouloir le satisfaire en ce monde, c'est-à-dire au mauvais endroit. Rien, dans ce rêve, ne nous apportera jamais un bonheur parfait. Nous connaîtrons peut-être des moments de bonheur fugitifs, mais ils nous glisseront entre les doigts. Ce bonheur n'est pas permanent. Chaque individu, au cours de son évolution spirituelle, doit finalement perdre ses illusions et comprendre un jour que le bonheur qu'il recherche ne demeure dans aucun objet extérieur, qu'il s'agit de quelque chose de beaucoup plus subtil que ce que le monde peut offrir. Ce principe, qui est plus durable, Amma le nomme Dieu ou bien le Soi (Atman). Et il réside en nous. C'est le substrat, la source de notre propre esprit. Il ne s'agit pas d'un objet extérieur.

Et si Amma vient, c'est pour nous en donner un avant-goût. Pour nous montrer qu'il ne s'agit pas là de paroles creuses mais de la réalité. Cette béatitude-là, cette paix-là existent, il ne s'agit pas d'une philosophie utopique. Cette expérience, seul un être réalisé peut nous la donner, par Sa seule présence.

Dirigeons notre énergie vers un but plus noble

La société, nos amis, et pour la plupart d'entre nous, nos parents, nous enseignent exactement le contraire. On ne nous apprend pas que le bonheur réside dans le Soi, en Dieu, que c'est la béatitude transcendantale. Tout ce que nous entendons et voyons nous dit au contraire que la richesse et les plaisirs des sens sont les moyens de trouver le bonheur. Depuis l'enfance jusqu'à notre dernier souffle, voilà ce qu'on nous enseigne. C'est le monde de maya. Et c'est un grand miracle qu'Amma parvienne à faire passer Son message dans cet océan de maya ; bien que nous soyons immergés dans ce rêve, Elle fait sur nous une impression formi-dable.

Prenez l'exemple des enfants. Ils sont naturellement agités, ils ont beaucoup d'énergie.

Cette énergie peut être employée de manière constructive ou de manière destructrice. Selon la façon dont ils sont guidés, les enfants deviennent encore plus distraits ou bien plus calmes et plus concentrés.

Pendant le tour, nous avons logé chez des dévots. Et les brah-macharis se sont retrouvés un jour dans une chambre d'enfant. Quelle ne fut pas notre surprise de découvrir que cet enfant ne possédait pas moins de deux cents jouets et un nombre équivalent de jeux dans le placard. Nous n'arrivions pas à le croire ! Quelle est donc la situation de cet enfant ? Il joue avec un objet pendant trois jours, puis il désire autre chose et encore autre chose. Bien sûr, ses parents ont assez d'argent pour satisfaire ses demandes. Mais quel sera son caractère, une fois adulte, s'il est ainsi encouragé à rechercher sans cesse les distractions ? Bien sûr, c'est facile pour les parents. Ils ont la paix, les enfants ne sont pas dans leurs jambes, pas besoin de s'en occuper. Mais quand cet enfant grandira, son esprit gardera la tendance à vagabonder, il manquera de fermeté. Sans doute moins, mais cette propension à passer d'un objet à l'autre est très forte dans la société occidentale. C'est une des raisons pour lesquelles les gens ne sont pas heureux : le manque de stabilité intérieure.

Au contraire, un des garçons qui vient ici - il a peut-être sept ou huit ans - connaît par cœur les mille noms de Vishnou. Sa mère a pris la peine de les lui enseigner. Il met une heure à les dire s'il va à la vitesse convenable et un quart d'heure s'il fait comme il veut. Pour la mère, cela a représenté beaucoup de travail mais maintenant qu'il a mémorisé les mille noms de Dieu, il sera capable de les répéter jusqu'à sa mort. Cela fera partie de sa vie quotidienne, de sa sadhana. Sans cet effort de la part des parents, qu'aurait-il acquis ? Rien. Il y a des enfants qui connaissent tous les personnages du Mahabharata. Ce n'est pas une bagatelle car il y en a des centaines. Une petite fille qui vivait ici connaissait toutes les figures du Bhagavata Purana : Krishna, sa parenté, des deux côtés jusqu'à la septième génération. Il y a aussi beaucoup d'enfants, dans la tradition chrétienne, qui connaissent la Bible et les personnages de la Bible.

Il est possible de canaliser cette énergie dans une bonne direction. La collection Amar Chittra Kathas, ces bandes dessinées spirituelles qui sont apparues récemment, c'est vraiment formidable, non seulement pour les enfants mais aussi pour les adultes. Les enfants veulent des bandes dessinées mais quel est le sujet de cette série ? Il ne s'agit pas de violence ou de cruauté. On leur raconte la vie d'êtres nobles, de personnages historiques. Ou bien ce sont des histoires qui ont trait à Krishna ou à Rama, tirées du Bhagavata ou du Ramayana. Bien que nous vivions dans le monde de maya, il n'est donc pas impossible de faire quelque chose, d'apporter des améliorations.

Et cela ne concerne pas seulement les enfants. Nous sommes tous très impressionnables et modelés à chaque instant par les personnes dont nous partageons la compagnie. Nous absorbons le bon comme le mauvais. Pendant le tour, nous avons parlé de la nécessité d'un modèle. Tout le monde cherche quelqu'un qu'il puisse respecter, un exemple à imiter. Pourquoi ne pas choisir ce qu'il y a de plus élevé ? Si vous ne le trouvez pas à l'école, chez vous ou même dans l'histoire, alors pourquoi ne pas vous tourner vers un être qui a réalisé Dieu ? Nous avons Amma. C'est un des aspects très pratiques de la dévotion envers Amma. Si nous pensons à un mahatma, Sa grâce se répand sur nous mais si nous étudions Sa vie, la nôtre en sera transformée. Essayons de nous rappeler le sourire d'Amma, Sa patience, les tribulations qu'Elle a connues dans Son enfance. Et il existe d'autres êtres éveillés, des figures historiques ou contemporaines. Nous pouvons méditer sur ces êtres, les prendre comme modèles. Outre la satisfaction de pouvoir admirer quelqu'un, notre vie en sera transformée.

Surtout dans la société occidentale actuelle, car si nous avions autrefois, il y a peut-être encore soixante-quinze ans, des valeurs traditionnelles, des idées éclairées, tout a changé au cours des cinquante dernières années. Les révolutions industrielles et technologiques ont tout balayé. Les seules valeurs qui restent sont la richesse, le plaisir et la technologie. Tels sont désormais, dans le monde occidental, les buts principaux de la vie humaine. Amma ne nous dit pas d'y renoncer. Ils ont leur place dans une vie. Simplement, il y a autre chose. L'être humain n'est pas constitué uniquement d'un corps, des organes des sens et du mental ; il y a aussi l'âme. C'est la nature essentielle de l'Homme : l'atman (le Soi) doté de tous ces instruments. Si nous ne satisfaisons que les parties grossières de notre être et négligeons la partie la plus subtile, l'essence, alors nous éprouvons bientôt le sentiment que quelque chose ne va pas, qu'il y a un déséquilibre. Les rishis des temps védiques nous encourageaient à rechercher à la fois artha et kama (la richesse et le plaisir) et dharma (la vertu, la conduite conforme à la loi divine) et moksha (la spiritualité, la quête de l'expérience mystique ou de la réalisation). En gardant à l'esprit ces quatre buts, nous sommes des êtres équilibrés. Les gens avaient une vie quotidienne réglée : le matin, ils consacraient un certain temps à des pratiques spirituelles comme les rituels (puja), la méditation, le japa, la prière ; dans la journée ils gagnaient de l'argent et accomplissaient de bonnes actions (dharma) ; le soir ils se livraient de nouveau à la sadhana et la nuit, ils étaient libres de profiter des plaisirs de la vie. Leur vie quotidienne était donc équilibrée, la personne et la société étaient en harmonie. Il n'est pas impossible pour nous de les imiter aujourd'hui.

L'ego est comme un vieux chapeau malodorant

Une fois que nous avons rencontré Amma, que sa présence nous a inspirés, nous avons le sentiment que c'est ce qu'il faut faire : ajouter de la spiritualité à notre vie. Mais notre vieil ego réapparaît, il ne cesse de revenir à la surface. En présence d'Amma, tout le monde est un bon garçon, une bonne fille mais dès qu'Elle part, tout redevient comme avant : l'ego revient, avec tous ses maux. Amma connaît bien le problème. Elle compare l'ego à un vieux chapeau putride et Elle raconte même une histoire à ce sujet :

«Il était une fois une homme riche, un antiquaire, qui possédait un vieux chapeau. Celui-ci était très vieux, environ quarante ans, très sale, huileux et il sentait mauvais. Il ne le lavait jamais. Et il était si avare qu'il refusait d'en acheter un autre. Il était devenu célèbre – ou plutôt frappé d'infamie, dans le village, à cause de ce chapeau. Tout le monde essayait de le convaincre de s'en débarrasser et d'en acheter un neuf mais il y était très attaché. Il va un jour à la piscine avec un de ses amis pour faire un peu d'exercice. Il se change, laisse son chapeau dans la garde-robe et s'en va nager. Son ami, lui, traîne un peu. Arrive alors le juge de la ville, avec un beau chapeau blanc, qu'il dépose avant d'aller nager à son tour. Et l'ami échange les chapeaux. Quand l'avare sort de la piscine, il voit ce chapeau tout neuf à côté de ses vêtements. Il cherche partout son vieux chapeau et ne le trouvant pas : «Très bien,» pense-t-il, «me voilà doté d'un chapeau neuf sans avoir dépensé un centime ; c'est donc la volonté de Dieu. Je le prends.» Il met le chapeau et rentre chez lui. Le juge sort de l'eau et trouve près de ses affaires ce beau chapeau à l'odeur fétide. Seulement tout le monde, dans le village, savait à qui il appartenait. Il envoie aussitôt les huissiers chez l'antiquaire avec ordre de récupérer le chapeau et d'amener l'homme à la cour. Celui-ci proteste : «Je ne suis au courant de rien ; le chapeau se trouvait là.» - «Peu importe, vous venez avec le chapeau.» Il se rend à la cour, le juge l'admoneste, lui donne une amende de mille francs pour vol et lui rend son vieux chapeau malodorant en échange du neuf. Fort contrarié, notre homme rentre chez lui et jette le chapeau dans la rivière, en songeant qu'il est temps de s'en débarrasser.

Mais le lendemain des pêcheurs jettent leurs filets dans la rivière et remontent... le chapeau. Ils l'ont naturellement reconnu et en passant devant la maison de l'avare, ils le jettent par la fenêtre. Il atterrit sur de la verroterie ancienne et en casse pour des milliers de francs. Alerté par le bruit, l'avare descend et à la vue du malheureux chapeau, décide de s'en débarrasser par n'importe quel moyen. La nuit, il prend sa voiture et roule jusqu'à un réservoir d'eau à dix kilomètres de là. Il jette le chapeau au milieu du réservoir et rentre chez lui. Et cette nuit-là, il dort bien.

Le lendemain matin, plus d'eau dans le village. On en chercha la cause. On finit par envoyer une équipe de plongeurs. Ils trouvèrent, dans la conduite d'eau qui sortait du réservoir...

le cha- peau ! Voici l'homme convoqué à la préfecture. On lui flanque une amende de dix mille francs pour avoir fait obstacle à l'alimentation en eau.

Cette fois, c'en était trop. Il dit : «Puisque je ne peux pas te noyer, je vais te brûler.» Comme il avait un peu honte, il n'a pas voulu faire cela dans le jardin pour qu'on ne le voie pas faire une chose aussi stupide. Il dispose des briques dans une pièce, il essore le chapeau et allume un feu. Voilà-t-il pas que le chapeau se met à dégager une fumée d'enfer. Il entend bientôt le hurlement des sirènes. Quelqu'un soudain fait irruption par la fenêtre et une lance à incendie déverse des tonnes d'eau pour éteindre le feu. Voyant la fumée sortir par la fenêtre, les voisins avaient appelé les pompiers !

L'eau a fait d'énormes dégâts dans la maison. Notre homme est sorti par la porte de derrière et il est parti dans la forêt. Pendant ce temps, la police en a conclu qu'il s'était enrichi en imprimant des faux billets et que sans doute c'était cela qu'il brûlait. On saisit sa maison et tous ses biens. Quelques villageois qui savaient où il était sont venus le lui dire dans la forêt. Alors il s'est fait sannyasi. Quand quelqu'un lui demandait qui était son guru, il répondait : «Swami Chapeau-ananda» Personne n'a jamais compris de qui il s'agissait. Ce nom est inconnu dans la tradition des sannyasis.

Amma dit que nous sommes pareils à cet homme : nous aimerions bien nous débarrasser de ce vieux truc immonde, l'ego. Si nous le jetons quelque part, il nous revient aussitôt. Nous recommençons et il nous revient encore. Nous essayons de le noyer, de l'enterrer, de le brûler, mais il nous crée toujours de nouveaux ennuis. Amma affirme qu'il n'est pas impossible de s'en débarrasser. Il est possible au moins de le purifier, même si nous ne réussissons pas à le détruire complètement. Nous pouvons faire de lui un dévot, le rendre humble, alors il nous sera utile.

Je vais vous lire un extrait de ce que dit Amma à propos de cet objet abominable :

«Amma, si l'ego est vraiment quelque chose d'aussi méprisable, Dieu n'aurait-Il pas pu s'abstenir de nous le donner ?»

Tout le monde rejette la faute sur Dieu. La question qui précédait était : « Amma, pourquoi Dieu nous fait-Il commettre des erreurs ? » C'est une question assez courante. Tout est la faute de Dieu. Tout ce que je fais de mal, c'est la faute de Dieu. Et tout ce que je fais de bien, je le porte à mon crédit. Amma a répondu :

«Dieu ne nous fait commettre aucune faute. Quelles instructions nous a-t-Il données pour que nous fassions toutes ces erreurs en les suivant ? N'est-il pas vrai que nous perpétrons ces méfaits en sachant pertinemment que nous avons tort, en faisant la sourde oreille aux avertissements de notre conscience, qui est Dieu ?»

Amma continue :

«Fils, le feu a de bons et de mauvais effets. On peut s'en servir pour faire cuire du riz ou bien pour mettre le feu à une maison. Avec un couteau, on peut couper les légumes ou bien on peut tuer quelqu'un. C'est l'usage que nous faisons d'un objet qui détermine s'il est bon ou mauvais. L'attitude : 'Je suis l'enfant de Dieu' ou bien 'Je suis le serviteur de Dieu' comporte une part d'ego. 'Je suis riche, je suis puissant' c'est aussi de l'ego. Toutefois, la première attitude nous sera toujours bénéfique, tandis que la deuxième nous plongera dans le mal. Tout existe dans la nature : les ténèbres et la lumière, le bien et le mal. Notre devoir est de suivre le bon chemin en employant le discernement que Dieu nous a donné. Même s'il tombe des cordes, la pluie ne reste pas sur le toit d'une maison ni au sommet de la montagne. Du sommet, toute l'eau s'écoule vers les rivières. Mais le moindre fossé, lui, est

bien vite rempli par l'eau qui s'y déverse, venant de toutes les directions. Tant que nous avons encore la sensation du «je», nous n'obtiendrons rien. La grâce descendra en nous lorsque nous aurons l'attitude intérieure pleine d'humilité : 'Je ne suis rien.' Un être égocentrique ne met pas à profit les circonstances favorables qui lui sont données. Il n'en a pas la force. Cultivons toujours l'attitude : 'Je ne suis rien'.»

Beaucoup de gens déclarent : «Je suis plongé dans de telles difficultés. Je suis dans une situation misérable. Comment pourrais-je mener une vie spirituelle ? Mon mari, ma femme, mes enfants ou encore quelqu'un d'autre me posent de gros problèmes.» Amma affirme que toutes les circonstances sont favorables et qu'il nous faut l'admettre. Si nous essayons de nous libérer de l'ego, de purifier notre mental, toutes les difficultés que nous rencontrons sont des chances et non des obstacles. Tout dépend de notre attitude.

«Pour que la graine germe, il lui faut s'enfoncer sous la terre en songeant : ' Je ne suis rien'. Si elle pense avec orgueil : 'Pourquoi m'incliner, pourquoi rentrer dans cette terre malpropre ?' elle ne peut pas se développer et devenir une plante, ce qu'elle est en réalité. L'humilité vraie demeure en nous lorsque nous voyons Dieu en tout. L'humilité consiste à devenir de plus en plus petit. Il y a deux façons de réaliser Dieu : la première c'est de devenir de plus en plus grand, plus vaste que le monde. Il s'agit de prendre conscience que tout est en soi : je suis tout, je suis le Paramatman, le Soi. Mais cela n'est pas facile. L'ego risque de se gonfler car nous ignorons la manière de croître. Ce n'est pas l'ego qui doit grandir mais le véritable ' je' en nous. Notre esprit doit s'ouvrir et embrasser l'univers entier, devenir vaste au point de recevoir en lui tout l'univers. Il est en revanche beaucoup plus facile de se faire petit. Considérons-nous comme les serviteurs de Dieu. Dieu ne se trouve pas dans un lieu particulier, ni sur un trône. Il est partout. Il est dans chaque objet de l'univers. Si vous réfléchissez, si vous employez votre discernement, vous en concluez que vous êtes le serviteur du monde. Etre le serviteur de Dieu signifie être le serviteur du monde.»

Devenir comme le sable

Lorsque j'ai rencontré Amma, j'avais étudié la philosophie du Védanta. La pratique principale de l'ashram où je vivais, à Tiru-vannamalaï, c'était le Védanta, l'Advaita, l'introspection. Et quand je suis venu auprès d'Amma, je lui ai demandé : «Amma, que me conseilles-Tu ?» Je me suis dit : «Voilà une occasion en or ! Amma sait tout et Elle sait quel est le pas que je dois faire maintenant sur la voie spirituelle.» Alors Elle a pris une poignée de sable, comme cela. Je revois la scène, c'était devant le vieux temple (kalari). Elle a donc pris une poignée de sable et Elle a dit : «Tu vois ce sable ?» «Ahaa.» «Deviens comme le sable.» «Que veux-Tu dire ?» Elle a répondu : «Tout le monde marche sur le sable. Le sable est plus bas que tout. Il n'en a que faire. Il faut que tu deviennes comme cela. Il faut que tu deviennes rien. A l'instant où tu n'es plus rien, tu deviens le Tout.» C'est-à-dire que quand l'ego disparaît, c'est pour se fondre dans son substrat, le Tout, Dieu, Brahman.

Tout cela est très facile à dire ! Cela fait vingt-cinq ans que j'essaie de mener une vie spirituelle et je n'ai pas le sentiment que cela soit beaucoup plus facile aujourd'hui qu'il y a vingt-cinq ans. C'est toujours difficile. Amma dit que jusqu'au jour de la réalisa-tion, c'est ardu. L'ego subsiste jusqu'au dernier moment. Il n'est anéanti que par le feu de la réalisation. Mais nous avons Amma. Dans cette vie, nous sommes arrivés aux pieds d'Amma, c'est la grâce qui nous sauve. Nous sommes Ses enfants, nous avons de la dévotion envers Elle, nous avons pris refuge en Elle. Et Elle dit que le moment venu, Elle nous éveillera. Nous n'avons pas à nous inquiéter. Elle sait que par nos propres efforts, nous ne pouvons pas faire d'immenses progrès. Nous ne sommes pas capables de nous purifier totalement. Personne ne le peut. Mais Elle veut aussi que nous y travaillions dur. Qu'est-ce que cela représente pour Elle de nous accorder la réalisation ? Rien du tout ! Cela revient à réveiller quelqu'un qui dort : il suffit de le secouer un peu et il se réveille.

Nous sommes profondément endormis et nous faisons ces rêves très intenses. Amma est bien éveillée, Elle nous voit rêver et il Lui suffit de nous secouer un peu, même pas physiquement, simplement en esprit, pour nous réveiller. Mais Elle ne le fera pas tant que nous ne sommes pas prêts. Parce qu'une chose aussi précieuse que la réalisation du Soi ne doit être conférée qu'à des êtres sincères. Il ne faut plus jamais l'oublier. Quand nous en aurons compris la valeur, quand nous aurons travaillé durement pour l'obtenir, comme un avare qui accumule des biens avec acharnement, alors n'en doutons pas, la grâce d'Amma descendra sur nous. C'est cela qui nous sauvera et non pas les efforts que nous aurons faits dans notre sadhana.

Om Namah Shivaya !

Satsang à M.A. Center, 1995
Cassette 9 - Face B

La vraie nature de l'ego

C ontinuons à lire Paroles d'Amma et à étudier Son enseignement. Nous en sommes au verset 158, dans le chapitre consacré à l'égoïsme et au désir.

«Mes enfants, l'ego naît du désir et de l'égoïsme. Il ne se développe pas naturellement, il est créé.»

Certains pensent peut-être : « Ah ! nous allons encore parler de toutes ces choses négatives. Je suis venu pour entendre un beau discours spirituel et voilà que Nealu, ce trouble-fête, parle de l'ego, de l'égoïsme et du désir. Pourquoi faut-il qu'il nous en rebatte les oreilles ? Est-ce qu'il ne suffit pas de chanter des bhajans ?»

Il était une fois un lion : capturé, il se retrouva dans une cage avec d'autres lions. Ils étaient si nombreux qu'à vrai dire, c'était une sorte de camp de concentration. Regardant autour de lui , il vit que parmi les autres lions, certains reconstituaient leur vie sociale. Certains s'occupaient de religion, la religion des lions, et parlaient du jour où la paix règnerait dans le camp et où tout irait bien, où ils seraient libérés. D'autres s'occupaient d'événements culturels, maintenant les traditions des lions, du temps où ils vivaient en liberté. D'autres lions étaient occupés à se disputer, d'autres passaient leur temps à se regarder mutuellement. Mais il remarqua un lion solitaire, dans un coin. Celui-ci apparemment ne faisait rien. Tous les autres lions se méfiaient de lui. «Que fait donc ce type tout seul dans son coin ? Il reste là sans rien faire, avec un drôle d'air, le regard vague. Il ne participe pas à nos activités.»

Le nouveau alla le trouver: «C'est vous le chef ici ?» demanda-t -il . «Non, mais je te conseille de ne pas t'occuper de ces autres lions.» «Vraiment ! Et que dois-je faire d'après vous ?» «Exactement ce que je fais.» «Et que faites-vous ?» «La seule chose qui soit importante, essentielle ici.» - «Vraiment ? Mais ces lions sont occupés à une foule de choses importantes. Qu'est-ce qui est donc essentiel ?» «J'étudie la clôture...» (rires)

«Compris, Ashok ?»

«Non.»

«Alors qu'y a-t-il de si drôle ?»

« Pourquoi le lion étudie-t-il la clôture ?»

«Parce qu'il est à l'intérieur, non ? En étudiant la clôture, il trouvera le moyen d'en sortir. Prisonnier, il cherche le moyen de s'échapper au lieu de faire comme tous ceux qui sont à l'intérieur..»

Voilà pourquoi Amma nous parle de toutes ces choses déplaisantes : l'ego, l'égoïsme, le désir etc… Parce que c'est cela, la clôture. Etudions-la donc afin de nous échapper du rêve de Maya. Amma dit que nous sommes absolument tous les serviteurs de Maya, à la seule exception des brahmajnanis, des jivanmuktis, qui sont des êtres réalisés. Nous dormons et vivons dans Maya, nous naissons et mourons sans fin dans le monde de Maya. Bien que nous soyons les enfants de la Mère divine, de Dieu, pour l'instant nous sommes aussi les serviteurs de Maya. A nous de chercher le moyen d'en sortir, le moyen de nous réveiller. C'est la seule chose essentielle. C'est le but de la vie humaine.

Si Amma parle de ces choses déplaisantes, ce n'est pas pour critiquer qui que ce soit. C'est une manifestation de Sa grâce. Si vous êtes un ami sincère et que votre ami suit une mauvaise pente, vous ne le regardez pas se détruire sans rien dire. Au risque de heurter ses sentiments ou de perdre son amitié, votre devoir est de lui montrer la bonne voie. Amma sait que nous n'aimons pas entendre parler de tout cela mais Elle en parle quand même, car Elle sait ce qui est bon pour nous. Elle est sortie du rêve de Maya. Elle sait bien que nous sommes plongés dans un cauchemar et qu'une vie de béatitude nous attend si nous en sortons.

Quand vous apportez vos vêtements chez le blanchisseur pour un nettoyage à sec, il ne s'occupe pas de la blancheur du tissu, il cherche les taches pour les enlever. C'est le principe de la vie spirituelle. Inutile de nous préoccuper de nos vertus ; il s'agit de découvrir ce qui pèche en nous et d'y remédier. Que se passe-t-il ensuite ? La vérité, notre nature réelle, se manifeste. Amma dit que les êtres humains ne sont pas mauvais en essence. Leur véritable nature est la bonté, comme un tissu naturellement blanc, mais recouvert par quelque chose qui n'en fait pas réellement partie, qui n'est que sa nature temporaire : la saleté, qui le rend gris ou plein de taches. De même, être mauvais n'est pas la nature des humains : ce qui provient de l'ego, le désir, la colère, l'égoïsme, n'est pas notre nature réelle. Ne perdons pas courage : «Il y a si longtemps que j'essaie, je n'arrive pas à me défaire de cette mauvaise habitude.». Ce n'est pas éternel, ce n'est pas nous ; il s'agit d'un ajout, de quelque chose de superficiel.

Dans les sociétés traditionnelles, en Inde et dans d'autres pays, les préceptes de la vie étaient exposés par des sages. En Inde, il y a eu les rishis, les sages des temps védiques. C'étaient des êtres remplis de sagesse qui avaient réalisé Dieu et qui avaient bien vu les causes de la souffrance humaine. Alors ils ont établi un système de vie qui permettait aux gens qui s'y conformaient d'assimiler peu à peu les leçons nécessaires. En vivant dans cette société, ils apprenaient à vivre de manière à se réveiller du rêve de Maya et à être vraiment heureux. Ce système nous mène au but de la vie, à la conscience divine.

Dans ces sociétés, un des principes fondamentaux que l'on inculque aux enfants est le respect des aînés. C'est valable même si ces derniers ne savent rien. C'est le fondement de tout. Un proverbe dit : «Quand j'avais seize ans, il me semblait que mes parents ne savaient rien. Quand j'en ai eu trente-cinq, j'ai été surpris de découvrir tout ce qu'ils avaient appris.» Même si ce ne sont pas des saints, des mahatmas, ils ont de l'expérience. Et l'expérience en elle-même est une valeur. Il est juste également de montrer du respect envers quelqu'un qui est notre aîné dans un domaine : l'érudition, les connaissances techniques, scientifiques ou autres, la spiritualité, l'endurance, ou dans tout autre domaine. Ceux dont les capacités dépassent les nôtres, qui sont plus grands et plus forts, sont aussi d'une certaine manière nos aînés et nous devrions avoir l'humilité d'apprendre d'eux. Tel est le principe énoncé par les sages, les rishis ; ils savaient ce qui nous serait bénéfique ; ils sont nos aînés, les aînés de l'espèce humaine. Suivre leurs conseils nous est salutaire.

En Inde, on lisait les histoires tirées des livres écrits par ces rishis : le Mahabharata, le Ramayana, le Bhagavata, il y avait assez d'histoires pour que cela dure toute une vie. Je ne crois pas que quelqu'un ait jamais maîtrisé toutes ces œuvres, chaque mot, chaque histoire. Cela exigerait tellement de temps, surtout pour le Mahabharata. Nous avons mis environ un an ici à lire ensemble le Ramayana, à peu près deux ans à lire le Bhagavata et quant au Mahabharata, cela fait plusieurs années que j'ai commencé et nous n'en sommes qu'à la moitié. Et encore, ce n'est qu'une simple lecture, nous ne commentons pas le texte. C'étaient traditionnellement les femmes qui racontaient ces histoires. Elles apprenaient cela de leurs mères, qui le tenaient elles-mêmes de leurs grand-mères, et elles l'enseignaient aux enfants. C'est ainsi que la tradition était transmise. La mère était donc le premier guru de l'enfant. Et quelles étaient les leçons ? Ces grands livres nous montrent de nobles personnages, des exemples de difficultés que l'on rencontre ensuite dans la vie et ils nous enseignent comment vivre. C'est ce qui est fondamental. Sans cette connaissance, nous ignorons absolument comment vivre. Si nous naissons dans une société qui déclare que les buts de la vie sont le confort, le plaisir, et la liberté de n'en faire qu'à sa guise qu'en résulte-t-il ? Ce dont nous sommes témoins aujourd'hui : la confusion et la violence.

C'est pourquoi Amma parle de tout cela. C'est indispensable. Même si quelqu'un nous paraît très mauvais, il n'existe personne qui soit incorrigible, qui ne puisse pas s'améliorer, progresser. Car, comme Elle le dit, ce n'est pas naturel. L'ego et tous ses traits négatifs ne sont pas naturels, ne sont pas notre Soi réel. Lorsque des gens sont très mauvais, c'est en général le résultat de circonstances défavorables. C'étaient des êtres ordinaires, dépourvus de principes solides sur lesquels s'appuyer, ignorant comment vivre, et ils ont sombré dans le mal. Ce n'était pas vraiment leur faute. Et il arrive que la compagnie d'un saint ou d'un dévot, ou encore la grâce de Dieu les transforment, même si en apparence il n'y avait aucun espoir. Pourquoi ? Parce que, comme le dit Amma, ce n'est pas leur vraie nature, qui est pure, qui est celle d'un enfant de Dieu.

Vous connaissez sans doute l'histoire des Misérables de Victor Hugo. Vous l'avez sans doute étudiée à l'école. C'est une belle histoire qui m'a beaucoup touché. Elle contient beaucoup de vérité. L'histoire se passe en France, au 19ième siècle. Un pauvre homme, Jean Valjean, vole un pain pour nourrir sa famille. Arrêté, il est, pour cette malheureuse miche de pain, envoyé au bagne. C'était là une condamnation affreuse : travaux forcés, mauvais traitements, nourriture infecte, saleté. L'enfer. Il aurait vraiment préféré la mort. Le bagne fait de lui un homme dur et très méchant.

Enfin libre, voici qu'il arrive dans un village, affamé et épuisé. A voir passer dans la rue cet homme farouche, les portes se ferment. Seul l'évêque, qui était un saint homme, lui ouvre et lui donne le gîte et le couvert sans lui demander qui il est. Son air de forçat évadé se lit sur sa figure. Et voici que, dans la pièce où il est reçu, il repère des chandeliers en argent destinés au service de la messe. Pendant la nuit, le forçat se lève et s'en va en emportant les chandeliers. En découvrant le vol, savez-vous ce qu'il a fait, le prêtre?

«Il l'a fait poursuivre !»

Non, c'est un prêtre, pas un policier. Il ne l'a pas poursuivi, il a prié Dieu. «Seigneur aide ce pauvre homme. Montre-lui la faute qu'il est en train de commettre. Réveille-le, fais briller un peu de lumière dans son cœur. Pardonne-lui ce qu'il fait. Il a sans doute été bon autrefois.» Et dans son cœur, il pleurait, implorait Dieu. Toute la journée, il s'est demandé si Dieu avait entendu sa prière.

Pendant ce temps-là, quelqu'un a eu des soupçons en voyant cet homme tout sale qui portait un gros sac et a appelé la police. Que va-t-il donc arriver à ce pauvre type ? Il s'est échappé du bagne et il risque d'y retourner pour le reste de sa vie. Il se fait prendre et les policiers l'ont emmené chez l'évêque. Qu'a-t-il fait ? Qu'auriez-vous fait à sa place ? Il déclare à la police : «Je lui ai donné ces objets, pourquoi l'amenez-vous ici comme un criminel ?» Le voleur en reste sans voix. La police dit : «Désolé, nous ne pouvions pas le savoir.» et s'en va. Alors le coupable éclate en sanglots, plein de remords. Et le prêtre comprend que sa prière a été entendue. Il donne l' argenterie au malheureux et lui dit de vivre bien.

L'ancien forçat est allé s'installer dans une autre ville, loin de là. Il a vendu l'argenterie. Devenu riche, il a même fini par devenir le maire de la ville. Il a fait beaucoup de bien autour de lui et il a énormément aidé les pauvres. Il n'oubliait pas ce que la pauvreté avait fait de lui.

C'est donc la compagnie du saint homme qui l'a réveillé de son sommeil, lui qui n'était mauvais qu'en apparence mais pas en réalité. (Paramatmananda Swami raconte l'histoire de mémoire et la transforme, sans toutefois en trahir le sens. Pour plus d'exactitude, nous ne pouvons que conseiller la lecture du texte original, magnifique, de Victor Hugo : Les Misérables – Première Partie-Fantine Livre II La Chute. Livre de Poche tome 1. N.d.t.)

Il nous appartient de suivre cet exemple. Lorsque quelqu'un nous semble très mauvais : «Un tel est si coléreux, une telle a une langue de vipère, etc...» rappelons-nous que ce n'est pas son être réel. Ce ne sont que des attributs temporaires qui se sont développés dans des circonstances particulières. Ce n'est pas l'être réel qui habite ce corps.

La plupart d'entre vous connaissent l'histoire de Valmiki. Il lui est arrivé la même chose. Elevé dans une famille de malfaiteurs, il est devenu voleur. Et un jour il a essayé de détrousser un sage, Narada. Entre tous les sages, il est tombé sur Narada. Pour celui qui exerce ce genre de profession, c'est une grande chance de s'attaquer à un mahatma. C'est vraiment la grâce de Dieu. Car ceux qui ont combattu contre Krishna ont obtenu la libération. Et même l'ennemi d'un être réalisé reçoit un peu de sa grâce. C'est une forme de méditation et de grâce. Le larron voulait donc la vina (le luth) de Narada, pensant pouvoir en tirer une bonne somme. Narada la lui donna. Mais le larron déclara : «Je vais te tuer, je veux tout ce que tu as.» Narada lui dit : «Laisse-moi te poser une question. Comment es-tu devenu voleur ?» «Je dois nourrir ma famille, non ?» «D'accord, mais ta famille prendra-t-elle sa part des péchés que tu commets, de tous ces meurtres et ces vols ?» «Oh, mais bien sûr, ils partageront avec moi.» «Va donc le leur demander, je t'attends ici, tu peux m'attacher à un arbre, je ne m'enfuirai pas.» Le malfaiteur attacha Narada à l'arbre et s'en alla trouver sa famille. «Ce type dans la forêt m'a posé cette question stupide ; vous êtes prêts à partager la responsabilité de tous mes péchés, n'est-ce pas ?» «Comment ? Nous ne partageons rien du tout. C'est ton devoir de nous nourrir et tu le remplis comme tu veux. Nous n'en sommes pas responsables.» Quel choc pour lui ! Il comprit que personne n'aime vraiment personne. Ce que nous prenons pour de l'amour est un échange de service. Quand il se termine, c'est la fin de la relation.

Il repartit et la même chose qu'à Jean Valjean lui arriva. Il tomba aux pieds de Narada et fondit en larmes. «Oh, comme je regrette ce que j'ai fait pendant toutes ces années !» Narada l'initia à un mantra et il commença à le répéter. Quel était ce mantra ? Mara. Mara signifie arbre. Car il était en apparence si mauvais qu'il ne pouvait même pas prononcer le nom de Rama. Narada lui apprit donc à dire mara, c'est-à-dire Rama à l'envers, et au bout d'un moment, cela devint Rama, Rama, Rama, Rama, Rama... il resta si longtemps assis, absorbé dans la répétition du nom de Rama, qu'il disparut sous une fourmilière. En sanscrit, fourmilière se dit valmika, d'où son nom : Valmiki. Il est devenu un des grands sages de l'Inde ancienne. C'est lui qui a composé le Valmiki Ramayana qui raconte la vie de Rama. Il est considéré comme un des plus grands poètes qui ait jamais vécu.

Pourquoi raconte-t-on ces histoires ? Pour montrer qu'en dépit de toutes les apparences, le pire des hommes peut devenir bon. Parce que c'est sa nature réelle. Il lui est possible de la retrouver. Personne n'est mauvais. La nature fondamentale de tous les êtres est bonne.

Voici le verset suivant :

«Supposons que nous allions récolter de l'argent. Nous nous attendons à recevoir 200 roupies, mais nous n'en obtenons que 50. Nous nous mettons en colère, nous nous jetons sur l'homme et nous le frappons.»

Tout le monde ne ferait pas cela mais rappelez-vous qu'Amma donne les exemples qu'Elle a pu observer et qu'Elle a grandi dans un milieu très dur, rude. Ceux qui sont allés à Vallickavu savent que ce n'est pas exactement la plage de Miami. Il y a bien une plage, mais ce n'est pas Miami. Elle n'est pas propre non plus, à certaines heures de la journée. Quelqu'un est donc allé demander 200 roupies, il en a reçu 50 et il s'est jeté sur l'autre type pour obtenir les 150 qui restaient. Dans certains endroits, c'est normal.

Ensuite, il y a eu un procès. Avec ce genre de comportement, qu'arrive-t-il ? Emporté par la passion de l'instant, vous faites une erreur. Mais cela ne s'arrête pas là. Vous avez envie de rouler vite et vous foncez ; ce qui entraîne soit un accident, soit une contravention. Il faut ensuite aller au tribunal et débourser beaucoup d'argent.

«La colère n'a-t-elle pas surgi parce qu'on lui a refusé la somme qu'il désirait ?» continue Amma.

N'est-ce pas parce qu'il n'a pas obtenu la somme désirée qu'il s'est mis en colère ?

«A quoi sert de blâmer Dieu quand nous recevons la punition ?»

C'est l'attitude de certains dévots. Ils ont des ennuis parce qu'ils ont commis une faute et ils déclarent : «Tout est la faute de Dieu, tout est la faute de Mère.» Quand ils voient Amma, ils lui disent : «Tout cela est l'effet de Ta volonté.» Amma répond : «Ce n'était pas ma volonté. Je ne t'ai pas demandé de faire quoi que ce soit de mal. Je te demande uniquement d'agir de manière juste»

«L'attente engendre la colère et le désir la souffrance.»

A rechercher sans cesse la satisfaction de nos désirs, voilà ce qui nous attend. Rappelons-nous que ce chapitre est consacré au désir et à l'égoïsme. Amma souligne que le désir nous cause des ennuis. Certes, les désirs fondamentaux sont parfaitement licites, il n'y rien de mal à vouloir les satisfaire. Tout le monde a certains désirs. Une fois que nous avons pris naissance dans le monde de Maya, nous avons des désirs car il faut bien vivre. Chacun a besoin d'un endroit pour vivre. Il faut bien manger, s'habiller, etc... Les désirs fondamentaux n'ont rien de répréhensible. Amma parle ici des désirs excessifs et violents qui nous submergent. L'intellect et le discernement sont alors balayés par la passion qui nous pousse à satisfaire notre désir. Ce qui arrive alors est une vraie calamité. Il en résulte toujours de la souffrance.

Nous avons peut-être le sentiment qu'il est douloureux de chercher à maîtriser nos désirs à l'aide du discernement. Dans la vie spirituelle, une certaine quantité de souffrance est inévitable. Nous avons le choix entre la poêle à frire et le feu. Il est sans doute douloureux de contrôler certains désirs rebelles mais si nous n'en faisons qu'à notre guise, la souffrance qui en résultera sera beaucoup plus grande. Voilà une idée très importante qu'Amma essaie de faire passer : il est difficile de pratiquer le discernement, la maîtrise de soi, mais il est encore plus difficile de supporter la souffrance engendrée par l'absence d'une telle pratique. Et un jour viendra où nous serons assez avancés pour ne plus souffrir, où cette maîtrise sera naturelle.

Quelle est la nature du désir ? Qu'en pensez-vous ? Voilà une question difficile, hein ?

«C'est de l'ego.»

De l'ego ? Amma dit que l'ego est un aspect ou la source du désir. Fermez tous les yeux pendant une minute. Que se passe-t-il ? Notre esprit ne reste pas en place, pas un dixième de seconde. Pourquoi ? Le corps et le mental sont agités. Ils veulent faire quelque chose. Que cherchons-nous donc ? Vous pouvez ouvrir les yeux. Ce qui nous agite tous, c'est la quête du bonheur. C'est très simple. Nous ne pouvons pas rester un instant sans désirer être heureux. Il n'y a rien de mal à cela. Parce que le désir d'être heureux, c'est le désir primordial. Le désir, c'est en fait le désir d'être heureux.

Le problème, c'est qu'en général nous recherchons le bonheur d'une manière qui, loin de nous rendre heureux, nous plonge dans le malheur. Pourquoi ? Parce que la société, le monde de Maya nous susurre : «Si tu fais ceci et cela, tu seras heureux.» Amma nous dit que cela ne nous rendra pas heureux mais finira par nous causer des ennuis. Pour être vraiment heureux, il faut maîtriser ce désir et l'orienter dans la bonne direction ; il faut remonter à l'origine.

Dans le sommeil, il n'y a pas de problèmes. Dès que nous nous réveillons, ce truc commence à gigoter, le désir d'être heureux nous agite. Il n'était pas là tant que nous dormions paisiblement. Dès le réveil, nous souhaitons nous rendormir parce que c'était si agréable et que l'état de veille est un véritable casse-tête à côté. C'est une distraction constante. Nous passons notre journée à combler ce désir de bonheur avec une foule de choses. Des objets, des gens, des relations, du travail, des violons d'Ingres, des conversations, etc... Le désir de bonheur est comme un puits sans fond. Et à la fin de la journée, nous ne sommes toujours pas heureux. «Oh, j'ai été heureux quelques minutes mais ce bonheur s'est enfui aussitôt et me voilà de nouveau agité et malheureux. Et je m'efforce de nouveau d'être heureux.» C'est sans fin. Quand j'ai fini ma journée : «Oh, j'en ai assez. Je veux dormir. Quelle joie d'être enfin délivré de cette agitation mentale incessante.» Voilà le schéma ; tout le monde fonctionne ainsi, de la naissance jusqu'à la mort, du berceau à la tombe, nous sommes en quête du bonheur.

Le problème, ce n'est pas de désirer le bonheur, c'est de ne pas comprendre le mécanisme. C'est ce dont nous parlions au début. Il s'agit pour nous de comprendre le fonctionnement du mental et de faire ensuite le nécessaire. C'est le but de la vie spirituelle, c'est celui de toutes les pratiques telles que la méditation, les bhajans, le satsang, l'étude des Écritures, les bonnes actions : arrêter cette agitation pour que le mental devienne calme. S'il est tranquille, nous connaîtrons le même bonheur que pendant le sommeil. Dormir tout éveillés, c'est cela que nous visons. La seule différence c'est que, dans le sommeil, il n'y a pas de pensées, mais il n'y a pas non plus de conscience. Nous, nous recherchons l'absence de pensées, mais en toute conscience ; alors nous goûterons la même béatitude que dans le sommeil. On y parvient au moyen de la méditation, du japa et de toutes ces pratiques. Voilà le principe, mais encore faut-il que nous l'assimilions, que ces idées se gravent dans notre esprit.

J'ai un jour dit à Amma : «Je crois que les discours (satsangs) n'ont pas une importance essentielle. La méditation, les bhajans etc , sont plus importants.» Amma a répondu : «Tu te trompes. Dans le monde d'aujourd'hui, les satsangs ont une grande importance.» «Pourquoi ?» «Parce que les anciennes traditions se perdent chaque jour un peu plus. Les gens d'autrefois connaissaient ces vérités. Dès la naissance, ils baignaient dans cette connaissance. Ils savaient. Mais de nos jours, le monde de Maya est si puissant que personne n'a plus cette conception de la vie. Même si certains lisent par hasard ces enseignements, ils les oublient aussitôt.»

Il faut donc sans cesse nous rappeler ces vérités. Ne nous lassons pas de les entendre. Quand quelqu'un dort profondément, il faut le secouer d'innombrables fois avant qu'il ne se réveille. Il ouvre l'œil un instant et dit «Encore cinq petites minutes» et se rendort une heure. Il faut recommencer jusqu'à ce que la personne soit vraiment réveillée. Alors elle peut à son tour en réveiller d'autres. C'est le rôle du satsang.

«La brise de la grâce de Dieu ne peut pas nous soulever si nous portons le fardeau des désirs et de l'ego. La charge doit être réduite. L'arbre qui perd toutes ses feuilles donne de nombreuses fleurs. Les autres ne donnent que quelques

fleurs. Mes enfants, quand nous serons complètement libérés de tendances négatives telles que l'égoïsme, l'ego et la jalousie, nous obtiendrons la vision de Dieu.»

Amma expose ici quelques idées. Il existe en Inde des arbres qui donnent de nombreuses fleurs lorsqu'ils perdent leurs feuilles. J'ignore si c'est le cas ici car, de toute façon, les arbres perdent leur feuilles chaque hiver. Mais dans le sud de l'Inde, il n'y a pratiquement pas d'hiver. Si les arbres perdent leurs feuilles, ils portent beaucoup de fleurs. L'image signifie que lorsque vous vous débarrassez radicalement des aspects négatifs de votre personnalité, votre être réel se révèle ; c'est la vision de Dieu.

Nous sommes incapables d'imaginer à quoi ressemble Dieu. Dieu est la réalité omniprésente et éternelle. Il nous faut simplement éliminer tout ce qui empêche cette réalité de briller en nous. C'est comme si je décidais que je veux de la place dans la pièce ; comment faire de la place ? Il suffit que je demande à tout le monde de sortir. Alors il y a la place. Les tendances négatives prennent toute la place. On pourrait dire encore qu'elles recouvrent le miroir comme de la poussière, si bien qu'il nous est impossible de voir notre vrai visage, notre reflet dans le miroir du mental. Nous ne voyons que des pensées et des sentiments et nombre d'entre eux sont mauvais. Les bons sentiments nous permettent de nettoyer la surface du miroir mais les mauvais l'obscurcissent, la rendent rugueuse et ondulée, si bien que nous ne voyons pas notre vrai visage. Il s'agit de retrouver notre nature réelle, au-delà de notre nature temporaire. Amma dit que si nous nous débarrassons radicalement de ce fardeau, nous pouvons obtenir la vision de Dieu.

Il existe beaucoup de gens très religieux. On m'a dit un jour : «Je connais quelqu'un de très religieux mais qui est une vraie fripouille. Comment est-ce possible ? Si c'est cela la religion, je ne veux pas être religieux. Peu m'importe Dieu, je veux simplement être quelqu'un de bon.» C'est vrai, certains ont une grande foi dans la religion mais encore beaucoup d'ego, beaucoup de désirs. Quelle est donc la différence entre la religion et la spiritualité ? La religion implique de croire en Dieu, d'avoir foi en une religion et dans le messager de Dieu qui l'a fondée. Suivre la doctrine d'une religion, c'est cela être religieux. Et qu'est-ce que la spiritualité ? C'est l'expérience de Dieu. Le but de la spiritualité, c'est d'avoir l'expérience directe de l'existence de Dieu.

Et selon Amma, c'est impossible tant que l'ego existe, tant que nous avons des désirs puissants. La grâce de Dieu est toujours présente pour toute personne qui s'efforce d'obtenir cette expérience. Mais elle ne peut pas nous soulever, comme le vent ne peut pas soulever un cerf-volant maintenu à terre par un poids lourd. Il lui faut un poids léger pour lui donner de la stabilité. Tant que nous sommes dans le monde de Maya, quelques désirs sont nécessaires pour survivre. Mais si nous portons la lourde charge de l'ego et de la colère, la grâce ne peut nous soulever.

Les gens proclament qu'ils aiment Dieu et la religion, mais en réalité, ce n'est pas vrai. Leur amour est tiède, ils ne sont pas consumés par le désir de la vision de Dieu. Amma insiste ici sur l'une de ces tendances négatives, l'égoïsme. Le désir vient en premier, puis l'égoïsme, afin de protéger les objets que nous désirons. Il existe des êtres dépourvus de désirs et d'égoïsme. Ils naissent en état de sainteté. Mais ce n'est pas le cas de la plupart des gens. Il nous faut apprendre le désintéressement.

Voici une histoire vraie, qui date d'il y a quatre ou cinq ans, celle d'un petit garçon américain appelé Tommy. Dès l'âge de quatre ans, il voulait apporter la paix au monde. C'était son seul désir. Il ne désirait pas devenir pompier, ni chercheur scientifique. Il voulait créer la paix, faire en sorte que la paix règne dans le monde. A l'âge de six ans, il a entendu parler de quelqu'un qui prêtait de l'argent aux enfants qui avaient de bonnes idées. Il a contacté cette personne et lui a confié son projet : «Voilà, j'ai une idée ; je voudrais faire des autocollants avec l'inscription : «La paix, s'il vous plaît, faites-le pour nous, les enfants.» Et il voulait que ce soit imprimé dans son écriture, son écriture d'enfant. Et il avait l'intention de vendre ensuite ces autocollants pour un dollar et demi et d'utiliser le produit de la vente pour la paix.

La personne à qui il s'adressait a pensé que c'était une bonne idée. Il est sage d'encourager les enfants quand ils ont de bonnes idées. Et la plupart d'entre eux sont très honnêtes. Il était sûr que Tommy allait le rembourser. Il lui a donc prêté cinq cents dollars. Tommy a fait imprimer mille autocollants et comme il était très intelligent, il s'est dit : «Je vais d'abord aller voir les grosses légumes, alors tout le monde écoutera.» Son père l'a conduit chez l'ex-président Reagan et ce petit garçon, haut comme trois pommes, s'est adressé au portier. Il a dit «Je veux voir le président.» «Vraiment ? Pourquoi ?» L'enfant a montré son autocollant. «Oh, c'est très chouette. J'en voudrais un.» «C'est un dollar et demi.» Il a ça dans le sang, il est américain, les affaires, ça le connaît. Le portier lui a donné un dollar et demi, puis il est allé chercher Ronald Reagan qui a, lui aussi, acheté l'autocollant.

Tommy a ainsi fait le tour des membres du gouvernement et il a même envoyé un autocollant à Gorbatchev avec une facture d'un dollar et demi. Et au bout de quelques semaines, il a reçu l'argent avec une petite note : «Vas-y, Tommy, pour la paix» signé par Gorbatchev, président de la Russie. Les gens ont entendu parler de lui et on l'a invité à parler à la télé. Les gens ont été très touchés. Et finalement Hallmark, le fabricant de cartes, a voulu faire une carte de vœux sur le modèle de l'autocollant. Pendant l'émission de télé, on a demandé à Tommy : «Quel est l'effet de ton action sur la paix mondiale ? Qu'en penses-tu ?» Il a répondu : «Je ne suis pas assez grand. Je pense que quand j'aurai huit ou neuf ans, j'arriverai à arrêter toutes les guerres dans le monde.»

Cela a continué pendant deux ans. On l'a invité à New York, pour une émission télévisée. Et ce petit garçon de huit ans a parlé magnifiquement pendant quelques heures. Toute l'assistance s'est levée et a acheté l'autocollant pour un dollar et demi. Et à la fin de l'émission, la présentatrice s'est penchée vers lui et lui a demandé : «Penses-tu que tu fais du bon travail ? Que tout cela a un bon effet ?» Il a répondu : «Il y a deux ans que je fais cela et, déjà, le Mur de Berlin est tombé. C'est plutôt bien, non ?» Avec cette innocence, ce désintéressement, nous transcenderons à coup sûr notre négativité et obtiendrons la vision de Dieu. N'hésitons pas, prenons le risque. Qui ne prend pas de risques est mort. En conclusion, je veux vous lire un petit poème, dont c'est le sujet : prendre des risques.

Rire, c'est risquer de paraître sot,
Pleurer, c'est risquer de paraître sentimental,
Tendre la main à quelqu'un,
C'est risquer de s'engager,
Montrer ses sentiments, c'est risquer de se dévoiler,
Exposer ses idées et ses rêves aux masses,
C'est risquer de les perdre,
Aimer, c'est risquer de ne pas être aimé en retour,
Espérer, c'est risquer de désespérer,
Essayer, c'est risquer d'échouer.
Mais il est nécessaire de prendre des risques
Car le plus grand des risques
Serait de n'en prendre aucun.
Qui ne risque rien ne fait rien, n'a rien et n'est rien.
On évite peut-être ainsi la souffrance
Mais il est impossible d'apprendre, de sentir,
De changer, de grandir, d'aimer ou de vivre.

Enchaîné par ses peurs, un tel être est un esclave.
Il a renoncé à sa liberté.

Seul est libre celui qui prend des risques.

Om Namah Shivaya !

Satsang M.A. Center, 1995
Cassette 10 - Face A

Abnégation ou égoïsme

Nous étions en train d'étudier « Paroles d'Amma », le verset 165, qui traite de l'égoïsme et du désir.

«Il n'existe qu'un seul atman, présent en tout. Lorsque notre esprit s'ouvre, il est possible de se fondre en Cela. Il n'y a alors plus d'ego, plus d'égoïsme. Notre regard considère tous les objets de manière égale. Mes enfants, sans perdre un seul instant, servez autrui et aidez les malheureux. Servez les autres sans rien attendre d'eux.»

Amma parle ici de deux choses : l'une est la nature omniprésente de l'atman et l'autre le service d'autrui. Ces deux idées sont en fait intimement liées. Amma dit que sous l'effet de maya, l'illusion cosmique, nous nous sentons limités à ce corps, à cette personnalité et que pour transcender cela, il nous faut grandir. La vie spirituelle authentique ne signifie pas perdre quoi que ce soit. Au contraire, nous grandissons, nous augmentons de volume. Le «je» en nous ne disparaît pas, il grandit jusqu'à inclure l'infini, l'éternité. C'est la réalisation de Dieu. Mais dans notre état présent, c'est le contraire. Nous avons le sentiment d'être des individus et nous faisons tout ce que nous pouvons pour préserver cette individualité et être heureux. Amma nous dit qu'en définitive, cela nous rend plus malheureux parce que nous devenons égoïstes et que nous

nous séparons de la vérité. Ensuite, il nous faut lutter. Alors en nous ouvrant, en devenant plus vastes, nous nous approchons de la vérité universelle que nous sommes.

La vraie spiritualité ne consiste pas simplement à méditer, à chanter des bhajans, à faire des pujas ou à aller au temple. La spiritualité authentique se manifeste sous forme d'abnégation, d'une vie vécue pour autrui. C'est pourquoi Amma insiste tant là-dessus. Elle ne veut pas dire que les pratiques spirituelles sont inutiles, elles sont indispensables, mais la vie spirituelle ne s'arrête pas là. Il nous faut faire quelque chose pour la totalité, pour le bien du monde entier. Il ne suffit pas de faire juste un peu de pratiques spirituelles.

A la fin du 19ième et au début du 20ième siècle vivait un saint célèbre, Swami Vivekananda. Il fut un des premiers swamis hindous à se rendre en Amérique. Il rentra en Inde quelque temps, puis décida de retourner en Amérique. Sur le pont du bateau (à l'époque, il n'y avait pas d'avion), il vit un étudiant à l'allure un peu fière. Il ne lui dit rien mais, comme il le voyait tous les jours, il finit par lui parler. Engageant la conversation : «Où vas-tu ?» «Je vais aux Etats-Unis pour mes études.» dit le jeune homme. « Et que vas-tu faire ?» «Je vais aller à l'université pendant quatre ou cinq ans.» «Bon, et ensuite ?» «Je rentrerai en Inde.» «Et que feras-tu alors ?» «Je chercherai un bon emploi. J'obtiendrai un des meilleurs, parce que j'aurai fait mes études en Amérique.» «C'est certain. Et après ?» Il répondit : «Eh bien, quand j'aurai assez d'argent, je pourrai épouser la femme de mon choix. Toutes les familles riches me voudront pour gendre.» «C'est vrai. Et puis ?» «Que voulez-vous dire ? Je me marierai, j'aurai des enfants, je leur donnerai une éducation et je les marierai aussi dans de bonnes familles, nous serons tous heureux.» «Bon, et que feras-tu ensuite ?» Le jeune homme le regarda «Pourquoi me posez-vous toutes ces questions ? Y a-t-il quelque chose qui ne va pas ?» «Non, rien du tout, je veux simplement savoir ce que tu feras ensuite.» «Eh bien, ensuite, j'aurai des enfants et des petits-enfants et je prendrai ma retraite. Je construirai une petite maison dans mon village natal, un petit pavillon où je passerai le reste de mes jours.» «Bon, et ensuite, que feras-tu ?» «Ensuite, je mourrai.» «Très juste, tu mourras. Quelle est la différence entre nous et les autres formes de vie qui naissent, grandissent, fondent une famille et trouvent leur subsistance avant de mourir si notre vie se résume à naître, grandir, acquérir une éducation, trouver un travail, avoir une famille, profiter de tout cela et puis mourir ? Mis à part l'éduca-tion, quelle est la différence ? Le sens de la vie humaine est bien au-delà de tout cela. Si ta vie ne bénéficie qu'à toi-même, au lieu de bénéficier aussi aux autres et à la société, alors il n'y a aucune différence entre toi et les autres formes de vie.»

Ce qui donne à la naissance humaine son caractère unique, c'est que nous pouvons bénéficier au monde entier. C'est ce qu'Amma dit aussi, il faut que nous nous ouvrions. Notre petite vie ne suffit pas. Nous avons en nous le potentiel nécessaire pour être utile à la société, pour servir la société. Même s'il s'agit d'une seule personne. Il n'est pas nécessaire de sortir de chez vous et de nourrir un homme pauvre. Beaucoup de gens se disputent. Les parents se disputent entre eux, ou bien les parents se disputent avec les enfants ou encore les enfants se disputent entre eux. Tout cela est de l'égoïsme. Donc, comment servir la société, comment me débarrasser de mon égoïsme ? Dois-je aller dans un parc et nourrir un pauvre ? Commencez dans votre propre maison. Aban-donnez votre égoïsme dans la relation avec les gens qui vivent avec vous. Au lieu de vous mettre en colère pour la moindre chose ou de vouloir toujours imposer votre volonté, faites quelques petits sacrifices pour rendre les autres heureux et pour qu'ils soient en paix. Consacrez un peu de votre temps, de votre énergie, de votre mental à assurer une vie harmonieuse et paisible aux membres de votre famille. C'est là qu'il faut commencer à se débarrasser de l'égoïsme.

C'est l'idéal d'Amma. Vous pouvez regarder la vie d'Amma, bien sûr. Elle chante des bhajans et Elle médite mais Elle sert aussi les gens nuit et jour. C'est Sa mission, c'est le but de Sa vie. Et Elle ne veut pas que cela s'achève avec Elle, Elle exerce non seulement les brahmacharis et les brahmacharinis mais aussi tous les gens qui viennent à Elle à se conduire de même. Elle veut qu'ils continuent à vivre dans le même esprit, à le répandre. Amma ne se contente pas de rester assise dans une grotte à méditer, faisant en sorte que les vibrations qui émanent d'Elle bénéficient au monde entier. Elle veut insuffler un peu de spiritualité à tous ceux qui L'approchent. Et ensuite, c'est à eux de faire cela pour ceux avec qui ils entrent en contact. Son idéal est celui d'une existence désintéressée. D'une manière ou d'une autre, il s'agit de faire du bien à quelqu'un, quel qu'il soit. Et en tant que dévots ou disciples d'Amma, c'est notre devoir. Si nous désirons la grâce d'Amma, il nous faut lire Ses enseignements, faire ce qu'Elle dit au sujet de la sadhana et modeler notre vie conformément à cet idéal d'abnégation. On pourrait dire que la première qualité d'Amma, c'est l'abnégation. Par-dessus tout, plus essentiel même que la dévotion, il y a l'abnégation.

Il était une fois un grand philanthrope, un être plein d'abnégation qui faisait énormément de bien aux gens. Un jour, il réfléchissait : «Que puis-je encore entreprendre ? J'ai fait ce que je pouvais jusqu'à aujourd'hui et j'ai le sentiment de n'avoir rien fait.» Il méditait donc sur ce qu'il pouvait faire. Il ne méditait pas sur Dieu, il méditait sur la façon dont il pouvait aider l'humanité. Dieu l'avait béni en lui accordant une bonne santé, la prospérité et un esprit alerte. Il ouvrit les yeux et vit… un ange ! Un être divin, peut-être un siddha ou un avadhuta. Un être divin était assis devant lui, tenant un livre dans lequel il écrivait quelque chose.

Le philanthrope le regarde et lui demande : «Pardon, mais qu'est-ce que vous écrivez dans ce livre ?» «J'écris les noms par ordre de grandeur de tous les grands dévots de Dieu», répond l'ange . «Oh, je suis sûr que je ne figurerai jamais dans ce livre. Je ne prie pas Dieu, je ne jeûne pas, je ne fais pas de puja, je ne chante pas les bhajans et je ne vais jamais au temple.» «Tiens donc ! Et que fais-tu ?» «Je sers les êtres humains. J'essaie de voir Dieu en chaque être humain. Je consacre donc toute mon énergie à servir les humains.» L'ange continuait à écrire. «Cela vous dérange-t-il si je regarde dans le livre ? J'aimerais savoir qui sont ces grands dévots, ces mahatmas.» «Non, cela ne me dérange pas. Regardez.» Alors en regardant dans le livre, il vit que le premier nom de la liste était le sien. C'était lui le plus grand dévot. Jamais il n'y avait songé. C'est la véritable dévotion, c'est de cela que parle Amma en disant que l'atman est en tout. A nous de grandir pour atteindre la même dimension et pas seulement en imagination ; nos actes, nos paroles doivent être en accord avec cette idée : la présence de l'atman en toute chose.

C'est cela, la véritable sainteté. Il ne suffit pas d'être capable de se concentrer pour être un saint. Je crois que nous en parlions la semaine dernière : lorsque nous sommes sous l'influence de maya, nous sommes affectés de deux manières. Tout d'abord notre nature réelle, l'atman immortel et omniprésent, est voilée. Et ensuite notre mental est distrait. Notre esprit se disperse, il est rempli de pensées, nous voyons la diversité en tout. Nous sommes ballottés entre l'attraction et la répulsion envers différents objets et le cycle des vies et des morts continue. Il y a donc le voile et la distraction. C'est pourquoi, dans la vie spirituelle, nous faisons tant de pratiques qui visent à la concentration : pour contrer cet effet de distraction. Si le mental n'est plus distrait, il devient calme et concentré, ce qui nous offre une possibilité, une excellente possibilité de percevoir notre âme, l'atman, le Soi.

Mais ce n'est pas tout. Il faut se libérer du voile. Qu'est-ce que le voile ? L'être universel que nous sommes est voilé et nous devenons ce petit être limité au corps. Puis nous nous identifions à cette personnalité, nous la nourrissons et nous la renforçons. C'est le voile qui cache notre être véritable. Pour nous en libérer, il faut faire ce que dit Amma, c'est-à-dire nous ouvrir. C'est cela la véritable sainteté et pas seulement la faculté de concentration.

Il était une fois un village où vivaient deux êtres vertueux qui se trouvaient être deux frères. L'un d'eux était marié, il avait une femme et quatre ou cinq enfants. L'autre était célibataire, c'était un brahmachari. Ils possédaient à eux deux quelques acres de terre. Ils cultivaient la terre et en partageaient le produit. Un jour le brahmachari songea : « Mon frère a une grande famille, il a une femme et tant d'enfants à nourrir. Il n'est pas juste que je prenne la moitié de la récolte. Je n'ai pas charge de famille. Je n'ai personne à nourrir en-dehors de moi. » Il se leva au milieu de la nuit, se rendit à la grange où il stockait son grain, prit un sac de jute plein de grains et le vida dans la grange de son frère.

La nuit suivante, son frère fut agité par les mêmes pensées: «Mon pauvre frère est brahmachari, il n'a personne pour prendre soin de lui, ni femme ni enfants. Qui s'occupera de lui quand il sera vieux ou s'il tombe malade ? Il devrait être plus riche que moi. J'ai ma famille, quand je serai vieux, mes enfants travailleront et prendront soin de moi.» Il se leva au milieu de la nuit, prit un sac de grains dans sa grange et le vida dans celle de son frère. Et ainsi pendant de nombreuses nuits. D'un côté comme de l'autre, le grain ne diminuait ni n'augmentait. Une nuit, se levant à la même heure, ils se rencontrèrent et comprirent ce qui s'était passé.

Au bout de quelques années, les deux frères moururent. Et à peu près au même moment, les villageois décidèrent de construire un temple dans le village. En discutant pour savoir quel était le lieu le plus saint du village, car c'est là qu'ils voulaient bâtir le temple, ils apprirent cette histoire des deux frères qui s'étaient rencontrés au milieu de la nuit, et décidèrent de construire le temple à cet endroit. C'était bien en effet le lieu le plus sacré du village, celui où s'était manifesté leur désintéressement.

Passons au verset suivant, 166 :

«Un petit peu d'égoïsme peut nous aider à nous libérer d'un grand égoïsme. Une petite note qui déclare : 'Affichage interdit' permet de préserver le reste du mur. L'égoïsme pour Dieu est comparable à cela.»

Vous avez sans doute vu la notice « affichage interdit » qui défend d'écrire ou de faire de la publicité sur le mur. Mais est-ce que cela même ne défigure pas le mur ? Pourtant, c'est infime si l'on songe à ce que serait le mur couvert d'affiches.

Et c'est ce que dit Amma. Certains naissent avec un grand détachement des objets de ce monde. D'autres éprouvent spontanément une grande dévotion envers Dieu, sont très attirés par la vie spirituelle. Ou alors une lecture dans un livre spirituel, ou un événement dans leur vie les touche et ils ne songent plus qu'à la vie spirituelle. Ou bien ils rencontrent un être comme Amma et cela les incite à mener une vie plus spirituelle. Et quand cela arrive, leur entourage les critique : « C'est de l'égoïsme. Tu veux négliger tes amis, ta famille, ton travail, ceci et cela. ». On leur dit : « Tu es égoïste, tu devrais te consacrer à ta famille, à ton travail ou à tes amis. » Amma déclare que si notre but est de nous libérer du grand égoïsme de l'existence profane, le petit égoïsme de la dévotion pour Dieu n'est pas un problème.

Si vous lisez la vie des grands saints, ils ont tous eu ce type de problème. Mirabai, par exemple. C'était une princesse, puis une reine. Mais dès la naissance elle était pleine de dévotion pour Dieu, détachée de toutes les affaires de famille. Qu'est-il arrivé ? Sa famille a essayé de la tuer ; son mari, son beau-frère pensaient qu'elle était trop bizarre, qu'elle était le déshonneur de la famille et ils ont essayé de la tuer. Elle est devenue sans doute une des plus grandes saintes que le monde ait connu. Mais ils la considéraient tous comme une égoïste.

Il y a aussi l'histoire d'Adi Shankara, le premier Shankaracharya. Il avait huit ans, juste un an de plus qu'Anand. Quel âge as-tu, Anand ?

«Huit ans.»

Il avait donc le même âge qu'Anand ! Et il est devenu sannyasi. Il voulait devenir sannyasi à l'âge de huit ans, vous imaginez ? Il en avait assez du monde, il avait renoncé à tous ses jeux électroniques, au base ball (enfin bien sûr, il n'avait rien de tout cela, à l'époque, les enfants avaient d'autres jeux, j'imagine). Il se disait : « Le monde est un lieu étrange ; il n'est pas ce qu'il paraît être, et il me semble qu'il existe une autre réalité, invisible, à laquelle je peux me relier, et c'est plein de béatitude, c'est très amusant. » Il a décidé de se faire moine, sannyasi et de passer le reste de sa vie à méditer, à faire des pujas, du japa et du tapas. A huit ans ! Et que penses-tu devenir Anand ? Pas encore décidé ?

Sa mère n'aimait pas cette idée. Sans doute que Ronnie est du même avis. «Si mon pauvre Anand se fait sannyasi…» Elle lui dit : «Il n'est pas question que je te permette de devenir sannyasi. Il faut d'abord que tu grandisses, que tu fasses l'expérience de la vie, ensuite, si tu veux, tu pourras décider de te faire sannyasi.» Mais il a rétorqué : «Qui sait si je grandirai ou pas ? J'ai déjà huit ans.» Sa mère a répliqué : «N'y songe pas, tu ne prendras pas sannyas.» Mais comme il était très puissant et qu'il possédait dès cet âge-là toutes sortes de pouvoirs, il créa une situation particulière. Il prenait son bain dans la rivière, et sa mère aussi, quand un alligator s'empara de lui. Alors il se mit à crier : «Maman, maman, l'alligator m'a attrapé, je vais mourir. Laisse-moi devenir sannyasi avant de mourir. Je serai libéré.» Car celui qui prend les vœux de sannyasi est proche de la libération. «S'il te plaît, laisse-moi devenir sannyasi.» lui demanda-t-il . Que pouvait-elle dire ? Elle allait le perdre, il allait se faire dévorer par un alligator. Elle a dit d'accord. A l'instant même, l'alligator l'a lâché et s'est éloigné. Adi Shankara n'avait rien. Il est monté sur la rive. Il a dit «Au revoir maman, merci beaucoup.» Puis il est parti et il s'est fait sannyasi. Mais il est revenu au moment où sa mère était mourante.

Amma dit que c'est une des raisons pour lesquelles Elle apprécie Adi Shankara, tout comme Ramana Maharshi, Paramahamsa Ramakrishna. Pourquoi ? Parce que, bien qu'ils aient été des sages, détachés de tout en ce monde, ils ont pris soin de leur mère à la fin de ses jours. Ce n'était pas par attachement mais par compassion. Ils sont venus vers celle qui leur avait donné naissance en ce monde, ils ont élevé son âme et l'ont libérée.

Adi Shankara était donc un exemple mais sa mère n'a pas compris, elle a cru qu'il se montrait égoïste. Elle pensait qu'il aurait dû la servir. Il l'a servie pourtant, de la manière la plus grandiose qui soit, en la libérant du cycle des naissances et des morts. Comment un enfant ordinaire pourrait-il faire cela ? En menant une vie ordinaire pendant soixante-dix ou quatre-vingts ans, nous ne développons pas la faculté de libérer notre père ou notre mère de cette manière.

Il y a aussi Ramakrishna Paramahamsa à qui il est arrivé la même chose. Tout le monde le croyait fou. Fou, il l'était bel et bien, fou de Dieu. Pour lui, Dieu était une réalité. Pour le monde, c'était un point de vue étrange. Son entourage a essayé de le marier en pensant que cela le ferait redescendre. Il s'est marié mais cela ne l'a pas du tout ramené dans le monde. Ils ont essayé différents moyens pour le rendre normal. Il n'est jamais devenu normal. Et c'est pourquoi tout le monde le vénère aujourd'hui, parce qu'il n'était pas normal.

Puis il y a eu Ramana Maharshi. Son frère croyait que quelque chose clochait chez lui. «Pourquoi reste-t-il assis tout le temps dans un coin les yeux fermés ?» Il était en extase, il était déjà parvenu à l'éveil. Son frère l'a regardé en disant : «Que fait-il là, ce garçon ? Il devrait se faire sadhu.» C'était une insulte, mais Maharshi a considéré cela comme la parole de Dieu. «C'est vrai, je devrais me faire sadhu. Pourquoi suis-je donc assis là ?» Il s'est levé, a pris cinq roupies dans la petite boîte dans la cuisine, a laissé un mot en disant qu'il avait pris l'argent pour une bonne cause et il est parti. Il est allé à Tiruvannamalaï où il a vécu jusqu'à sa mort. Ils ont même envoyé des gens à sa recherche. Personne n'a compris ce qui n'allait pas chez lui. Du point de vue du monde, il avait tort. Du point de vue de la spiritualité, son action était juste.

Et voyez Amma, c'est la même chose. Sa famille croyait qu'Elle était folle. Elle est tellement hors de la norme ! «C'est une fauteuse de troubles ! Elle a causé tant d'ennuis à Sa famille. Pourquoi ne peut-Elle se comporter comme une fille normale ?» Ils ont essayé trois ou quatre fois de La marier et chaque fois cela a été un échec complet, un désastre. Un astrologue a fini par leur dire : «Si vous réussissez à la marier, ce sera une catastrophe pour le garçon.» Alors ils ont abandonné cette idée, puis ils L'ont mise dehors, chassée de la maison. Il suffit de lire Sa biographie : ils ont essayé toutes sortes de choses. Ce n'est pas du roman, de la fiction, cela s'est réellement produit. Et même encore aujourd'hui, il arrive que les gens ne comprennent pas Amma à cause de Sa spiritualité, de Sa dévotion, de Sa conscience divine.

Amma dit que, même si d'un point de vue profane, cela semble de l'égoïsme, ces gens-là ont abandonné jusqu'à la dernière parcelle d'ego pour devenir totalement sans ego. Pour obtenir la grâce de Dieu, il faut renoncer à l'ego. Cette petite parcelle d'égoïsme qui en nous essaie de recevoir la grâce de Dieu, de réaliser Dieu, exige justement une totale absence d'ego. A partir de là, ces êtres sont parfaitement purs de tout égoïsme et leur vie entière est consacrée au service de l'humanité. Ce sont eux les véritables serviteurs de l'humanité. C'est ainsi qu'Amma se qualifie : la servante des serviteurs de Dieu. Elle n'est pas fière. Elle nous sert. Elle n'est pas assise là parce qu'Elle souhaite que nous nous prosternions devant Elle ou que nous La vénérions. Pas du tout. Elle a le sentiment de nous servir. C'est par compassion qu'Elle passe Sa vie entière assise, pendant des heures et des heures et des heures, à consoler les gens et à les écouter. Imaginez qu'il vous faille, en un mois, écouter plus d'une personne vous raconter ses problèmes ! Et Amma ne fait que cela. De neuf heures et demie du matin à deux heures de l'après-midi, chaque jour de Sa vie, Elle écoute les problèmes des gens. Elle dit qu'il n'existe aucun problème au monde qu'on ne Lui ait pas confié. Elle a tout entendu. Et pour chacun, Elle a le même sourire et le même amour.

Comment qualifier une telle personne d'égoïste ? La dévotion réelle, la véritable spiritualité n'est pas de l'égoïsme. C'est le sommet de l'abnégation et si certains dans votre famille ou parmi vos amis montrent ce genre d'intérêt pour la spiritualité, ne les découragez pas en disant que c'est égoïste. Ce n'est pas égoïste du tout, ce sont eux qui seront la véritable bénédiction pour vous et pour le monde. Ne prenez pas cela pour de l'égoïsme.

Je vais juste vous lire ce que dit Amma. Il y a dans Paroles d'Amma un dialogue d'une page à ce sujet. Quelqu'un demande : «Amma, les gens attendent beaucoup de leurs enfants, n'est-ce pas ? Est-il juste de vivre dans un ashram sans servir ses parents ?» En fait, c'est un étudiant qui pose la question. Ce n'est pas un père ou une mère. L'étudiant a un doute. Tous ces gens qui vivent dans un ashram, est-ce de l'égoïsme ? Ils ont quitté leurs parents, est-ce qu'ils ne devraient pas les servir ? Amma répond :

> *«Mes enfants, les parents disent toujours mon fils ou ma fille.*
> *Mais nous ne sommes que leurs enfants d'adoption. Il est vrai*

*aussi que les parents attendent beaucoup de leurs enfants,
mais réfléchissez : remplissent-ils eux-mêmes correctement
leur devoir de parents ?»*

Selon Amma, dans la plupart des cas la réponse est non. Car le
vrai devoir des parents est de donner aux enfants une éducation
spirituelle et ils ne le font pas.

Donc le devoir des parents, ce n'est pas seulement d'élever
des enfants, de les nourrir, de leur donner une éducation, de les
marier, de s'assurer qu'ils obtiennent un bon emploi et mènent
une vie confortable. Tout cela, c'est normal. Mais le vrai devoir
d'un être humain, c'est de progresser spirituellement, de réaliser
Dieu, d'échapper à la mort, de devenir sage. Et si, en ce monde,
quatre-vingt dix pour cent des gens ne s'en soucient absolument
pas, cela n'y change rien. Le véritable but de la vie humaine, c'est
cela. Le véritable devoir des parents, c'est d'éveiller les enfants à
la vie spirituelle. C'est ce qu'ils peuvent faire de mieux, c'est leur
premier devoir. C'est ce qu'affirme Amma . Et la plupart des
parents ne s'en soucient guère.

> *«Si un fils ou une fille, quels que soient ses parents, se tourne
> vers la spiritualité, Amma considère cela comme une grande
> bénédiction non seulement pour la famille, mais encore pour
> le monde. En choisissant la spiritualité, un enfant rend un
> grand service à sa famille et à tout le genre humain. Mes
> enfants, dites à Mère ce qui est mieux : consacrer sa vie
> entière au bien-être d'une ou deux personnes ou bien la
> sacrifier pour le bien du monde entier ? En réalité, il ne fait
> aucun doute que seuls les vrais sannyasis ont servi le monde
> de manière désintéressée. Aujourd'hui encore, c'est ainsi. Ils
> n'attendent rien du monde, tandis que les gens ordinaires
> sont remplis d'attentes et de désirs qui finiront par détruire
> toutes leurs vertus. Si nous étions véritablement les enfants*

de nos parents, ils devraient avoir le pouvoir de nous sauver de la mort. Mais nous sommes les enfants de Dieu. Sans Sa puissance, à quoi servons-nous ? Quand nous voyageons en bus, les autres passagers sont un peu comme notre famille mais chacun descend à son arrêt. C'est la vie. Nous resterons seuls. Notre père, notre mère et tous les autres sont comme la famille du bus. Seul Dieu est toujours avec nous.»

Voilà ce que dit Amma à propos de l'apparent égoïsme d'un sadhak. Le sentiment qu'il s'agit d'égoïsme est très répandu.

Le chapitre suivant concerne la nourriture. On ne peut pas faire une fixation sur la nourriture. On ne peut pas non plus déclarer que la nourriture n'a aucune importance. Personne ne serait assez stupide pour cela, même d'un point de vue philosophique. Tout est Brahman, alors ne vous inquiétez pas de la nourriture ! Quelques personnes en ont été capables, elles pouvaient vivre ainsi, mais la plupart d'entre nous ne peuvent pas en dire autant. La nourriture est très importante, parce que la vie en dépend. La vie humaine, mais aussi toutes les autres formes de vie, tournent autour de la nourriture et en dépendent. Observez la vie des animaux. Que font-ils ? Avez-vous des animaux familiers ? Ils passent beaucoup de temps à dormir et le reste du temps à manger. Et c'est tout. Et puis ils se font beaux pour la parade et une fois par an, ils s'accouplent. La plus grande partie de leur vie se passe à manger ou à dormir. Comme nous avons en nous une partie animale, nous aussi consacrons beaucoup de temps à manger et à dormir. Et il nous faut en outre gagner notre vie.

Pourtant, comme le dit Amma, la vie ne se limite pas à cela. Nous avons beau avoir le sentiment que nous sommes le corps et que le monde est réel, Amma dit que ce n'est pas vrai. Et c'est pourquoi nous nous tournons vers la vie spirituelle, parce que nous avons le sentiment qu'il y a quelque chose de louche, excusez l'expression. Ça ne colle pas. Ce que je crois être la réalité s'efface et en devient une autre. Je cherche quelque chose qui s'éloigne sans cesse de moi. Plus je m'en approche, plus cela recule. Et le passé s'est enfui à jamais. La vie est comme un rêve : elle est là, puis c'est fini. Il y a décidément quelque chose qui cloche ici-bas. C'est la nature de maya, la nature du rêve. Nous devons nous efforcer de nous réveiller du rêve de maya. Et notre sommeil est si profond que nous ne savons même pas que nous sommes endormis. Dans un rêve, nous n'avons pas conscience de rêver. Lorsque nous en prenons conscience, nous nous réveillons.

Nous avons beau avoir lu des livres spirituels, avoir rencontré de nombreux saints, avoir fait beaucoup de méditation, de japa et d'autres pratiques spirituelles, avoir visité des lieux saints, nous sommes encore profondément endormis. Nous faisons peut-être un rêve spirituel, mais c'est quand même un rêve. Et la plupart d'entre nous n'ont pas le sentiment qu'il s'agit d'un rêve. Nous croyons qu'il s'agit de la réalité. Ce corps, cette personnalité, c'est moi. Tant que nous avons cette sensation, nous sommes profondément endormis. «Je ne suis pas le corps, je suis pure conscience» : il nous faut un aperçu de cette expérience. Ou au moins l'expérience de la présence de Dieu, d'une réalité constante, plus subtile que ce monde. Ces symptômes indiquent que nous sommes en train de nous éveiller.

Amma parle de toutes ces choses subtiles. Elle veut nous réveiller. Et le premier verset dit :

«Il est impossible de savourer le goût du cœur sans renoncer au goût de la langue.»

Dans ce rêve, nous avons le sentiment que nous sommes le corps, que le monde est réel et que nous sommes là pour chercher à l'extérieur et prendre du bon temps. Il n'y a rien de mal à cela mais selon Amma, si nous voulons réaliser le Soi, cela ne suffit pas ; il faut aller plus loin que la vie corporelle si nous désirons trouver le précieux joyau qu'est l'atman, notre âme, la béatitude divine.

Notre être est constitué de différentes parties. L'essence, la partie la plus subtile, c'est le «je», autour duquel tout le reste s'ordonne. C'est l'âme, c'est l'atman. Et elle est entourée, un peu comme un oignon et toutes ses couches successives, de cinq enveloppes, que l'on appelle des koshas en sanscrit. L'enveloppe la plus grossière, extérieure, c'est l'annamaya kosha, constituée par annam, la nourriture. C'est le corps physique. Il est constitué de nourriture. Sans nourriture, il meurt. «Nous sommes ce que nous mangeons», dit-on . Eh bien, le corps est effectivement ce que nous mangeons.

Mais ce n'est pas la totalité de notre être, ce n'est pas tout. Ce n'est qu'un cinquième. Qu'y a-t-il d'autre ? Anand, qu'as-tu d'autre que le corps ? Qu'est-ce qu'il y a à l'intérieur qui fait tout le temps du bruit ?

«Ma bouche ?»

Ta bouche ? Si tu fermes la bouche, est-ce que le bruit s'arrête à l'intérieur ? Ce serait bien. Non. Ce qui fait tant de bruit à l'intérieur, même quand il n'y a aucun bruit extérieur, qu'est-ce que c'est ? Le mental, manomaya kosha. C'est l'enveloppe constituée par le mental, les pensées, les sentiments. C'est aussi une partie de nous-mêmes, un cinquième.

Puis vient le pranomaya kosha, la force de vie, la vitalité. Elle est parfois faible, parfois forte. Tantôt nous débordons d'énergie, tantôt nous sommes fatigués, c'est la fonction du pranomaya kosha. C'est présent dans ces trois koshas. Notre mental est parfois très vif, parfois très lent et fatigué. Nous avons donc annamaya kosha, manomaya kosha et pranomaya kosha. Et puis ?

Mis à part les pensées et les sentiments, qu'y a-t-il ? La compréhension, vijnanamaya kosha. C'est l'intellect. Tout le monde a un intellect. Nous avons des pensées, qui ont du sens ou qui n'en n'ont pas, nous avons des sentiments puis nous agissons, nous prenons des décisions, nous comprenons. C'est aussi un cinquième de notre être, vijnanamaya kosha. Et puis ?

Le dernier, c'est anandamaya kosha, l'enveloppe de béatitude. Quand faisons-nous l'expérience de la béatitude ? Quand nous dormons. Nous nous retirons de tous les autres koshas pour reposer dans anandamaya kosha. Alors nous goûtons la béatitude, anandam. Et quand encore ? Quand nous sommes heureux dans l'état de veille, notre concentration est dirigée vers anandamaya kosha. Cela n'a aucune origine extérieure, ce n'est pas le chocolat, ce n'est pas la nourriture. Si c'était cela, plus nous mangeons, plus nous devrions éprouver de béatitude. Mais chacun sait qu'il se produit juste le contraire. Au bout d'un certain temps, l'excès de nourriture nous rend malade, ce qui n'a rien à voir avec la béatitude. D'où provenait-elle donc ? Ce n'est pas une substance dans la nourriture, c'est nous, c'est en nous.

Et qui est le sujet de tout cela, qui pense, qui sent, qui comprend ? Qui se sent heureux ? Qui a un corps ? C'est l'atman, l'âme. C'est la partie la plus subtile de notre être. En fait, c'est le véritable «je». Nous faisons toutes ces expériences mais nous sommes incapables de distinguer les différents koshas. La libération, c'est la faculté de séparer l'extérieur de l'intérieur. Les Upanishads donnent comme exemple le fait d'extraire l'herbe de son enveloppe ; ces koshas sont pareilles à des enveloppes et le Soi, c'est l'herbe qui est à l'intérieur. Cette séparation est appelée kaivalya, libération ou isolation. Cela n'est pas à prendre au sens négatif car le Soi brille dans toute sa gloire. C'est la béatitude, la lumière divine, la paix éternelle.

Pour connaître cette béatitude de la conscience divine, Amma dit qu'il est nécessaire de renoncer au sens du goût. Sinon, il est impossible de goûter la saveur du cœur, la demeure de l'atman. Cela signifie : tant que notre mental, notre vie, notre attention, sont tournés vers l'extérieur, préoccupés par le plan le plus grossier, nous ne pouvons pas accéder à cette essence subtile. Ce n'est possible qu'en regardant à l'intérieur, non en jouissant des objets extérieurs.

Il y a une tendance moderne à déclarer qu'il est possible d'expérimenter la béatitude divine au travers de la sensualité. C'est ce qu'Amma réfute ici. Elle affirme qu'il n'existe qu'une seule voie. Elle ne dit pas qu'il est défendu de jouir des plaisirs des sens ou préférable de les éviter, mais si vous ne vous en contentez pas et que vous voulez une promotion, quelque chose de plus raffiné, de plus intense, d'ininterrompu, alors recherchez la béatitude divine. Pour cela, il faut chercher à l'intérieur, non à l'extérieur. Les deux sont opposés. Il n'est donc pas correct de déclarer que la béatitude des sens mène à la béatitude divine ou que c'est la même chose. Ceux qui le font n'ont pas l'expérience de la béatitude divine, c'est pourquoi ils expriment cette opinion. La béatitude divine est unique et il n'est possible de l'obtenir qu'en regardant à l'intérieur, profondément, en empruntant la voie de la dévotion ou celle de la connaissance. Mais une telle expérience vous remplit de contentement et de béatitude pour toujours. Les plaisirs des sens sont agréables un moment, puis la sensation de plaisir s'évanouit, nous les recherchons de nouveau et le cycle se répète. La béatitude divine est différente. Lorsque nous l'éprouvons, elle laisse en nous une impression qui ne s'efface plus. Et chaque fois qu'elle vient, elle est de plus en plus forte jusqu'à ce qu'elle nous remplisse et nous submerge tout entier. Elle devient alors permanente. C'est la béatitude éternelle.

Telle est la signification de ce verset : «Sans renoncer au sens du goût...» Amma ne parle pas seulement de la langue, mais de toute la vie des sens. Et je répète qu'Elle ne dit pas que nous sommes obligés de le faire. Elle constate un fait spirituel, qui fait partie de la philosophie : si vous désirez faire l'expérience de la béatitude du cœur, il faut regarder à l'intérieur. Vous ne la trouverez pas à l'extérieur. Alors il est impossible de goûter la saveur du cœur si l'on désire la saveur du goût. Comme il est ici question de nourriture, Amma parle spécifiquement du goût.

Nous continuerons plus tard.

Om Namah Shivaya !

Satsang à M.A. Center, 1995
Cassette 10 - Face B

Donner

La semaine dernière, nous parlions de la nécessité de la discipline dans la vie spirituelle. Amma nous dit qu'il est nécessaire au début de suivre les règles pour progresser spirituellement. Et nous avons vu qu'Elle nous fait passer par des souffrances et des difficultés lorsque nous essayons de suivre les règles, la discipline. Elle nous en donne même la raison : c'est pour nous permettre de nous abandonner à Dieu, de nous libérer de l'ego. C'est pour nous donner la force de surmonter les situations difficiles. Mais nous avons beau le savoir, nous avons parfois le sentiment que les conseils d'Amma sont incompréhensibles, déraisonnables, contradictoires, bref, que cela n'a aucun sens. Et cela nous crée des problèmes à tous.

La raison pour laquelle nous ne comprenons pas les conseils d'Amma, trouvant parfois qu'ils n'ont aucun sens, est très claire : le monde d'Amma et le nôtre ne sont pas les mêmes. Amma vit dans le monde de Dieu, on peut l'appeler Brahma loka, et nous vivons dans le monde des humains, manushya loka en sanscrit. Nous sommes le corps, voilà ce que nous pensons, ce que nous ressentons ; c'est notre expérience. Nous n'avons aucune connaissance de notre passé ou de notre futur, nous ne vivons que dans notre environnement présent. Et nous pensons qu'il n'y a rien d'autre. Nous avons beau croire à des naissances passées et futures, nous n'en avons aucune connaissance réelle, authentique. Même si on nous en révèle quelque chose, nous n'en avons aucune connaissance directe. Nous n'avons pas non plus conscience de notre âme. Nous avons le sentiment d'être l'ego, le corps et la personnalité.

Pour Amma en revanche, tout est clair. Elle voit le passé, le futur, le présent, comme si tout était écrit sur la paume de sa main. Elle sait, Elle voit clairement que nous sommes le Soi, l'âme, que nous ne sommes pas le corps. Elle sait d'où nous venons et où nous allons. Elle sait que nous sommes venus en ce monde en quelque sorte pour finir d'apprendre nos leçons. Nous avons peut-être fait beaucoup d'erreurs dans le passé, nous n'avons pas appris ces leçons-là et il nous faut revenir pour terminer et passer notre examen final, pour ne plus avoir à retourner à l'école, c'est-à-dire à revenir sur terre. C'est avec cette connaissance qu'Amma nous guide. Et cependant, certains de Ses conseils semblent étranges.

Je suis moi-même passé par là. J'ai rencontré Amma en 1979. A l'époque il n'y avait personne excepté Amma, Sa famille, Gayatri, moi et swamiji (Balu) qui restait quelques jours de temps en temps. Mais dès que nous nous sommes installés et que l'ashram a été créé, d'autres gens ont voulu venir. Auparavant, il n'y avait que des visiteurs qui venaient pour le Krishna Bhava, le Devi Bhava, et repartaient ensuite. Acchan, le père d'Amma, a fini par accepter que quelques-uns d'entre nous viennent demeurer là et ce fut le début de l'ashram. Il a commencé par une petite hutte. C'est là que nous vivions tous. Au bout d'un an et demi, nous avons fini par construire une autre hutte. Il nous a fallu tout ce temps pour rassembler assez d'argent. Vous imaginez le prix d'une hutte ? Cela coûte environ quinze dollars. Il nous a fallu un an pour trouver quinze dollars et bâtir une deuxième hutte !

Et à ce moment-là, nous étions déjà six ou sept. Peu à peu, le nombre de visiteurs augmentait. Et il n'y avait aucun endroit pour eux. Nous n'avions ni chambre d'hôte ni rien, rien d'autre que ces deux huttes en feuilles de cocotier tressées. Alors quand des gens passaient la nuit ou restaient quelques jours, Amma disait : « Très bien, allons dormir sous les arbres et offrons-leur les huttes. » C'était tout ce que nous avions. Et puis, il y avait le problème de la méditation : nous n'avions pas d'endroit où méditer. La maison d'Amma se trouvait au milieu du village. L'ashram aussi. Il y avait beaucoup de passage, de gens qui venaient rendre visite à Sa famille. Il y avait une activité continuelle et beaucoup de bruit : les gens qui vivent là ne sont pas des plus tranquilles. Ils mettent la musique à fond et crient beaucoup. C'était un problème pour méditer. Les débutants ont besoin d'un endroit tranquille, retiré, et il n'y avait rien de semblable.

Et de plus, Amma n'avait aucune intimité. Les gens entraient dans la hutte à toute heure du jour et de la nuit ; il n'y avait pas de verrou sur la porte. Ils entraient, voulaient Son darshan, même si Elle venait juste de passer la nuit à donner Krishna Bhava et Devi Bhava jusqu'à six heures du matin. Quand Elle était partie se reposer, les gens entraient, venaient Lui dire au revoir, même à sept heures du matin. Bref, il y avait des problèmes.

Tout cela a commencé à m'agiter. «Il faut faire quelque chose», ai-je pensé. Puis j'ai réfléchi : «Je ne peux rien faire. Que faire ? Il nous a fallu une année pour trouver quinze dollars et à ce rythme-là, j'aurai cent ans avant de pouvoir construire autre chose qu'une hutte.» Et nous ne connaissions personne susceptible de nous donner de l'argent. Comme vous le savez, la plupart des gens qui viennent voir Amma ont des problèmes, et souvent ce sont des problèmes d'argent. Beaucoup sont pauvres : personne à qui demander. J'ai donc repoussé cette idée : «N'y pense plus, je ne peux rien faire, c'est la volonté de Dieu» et j'ai cru que j'oublierai, mais environ dix fois par jour la même pensée me revenait. Cela me dérangeait vraiment. Et pendant un ou deux mois, je me suis dit chaque jour : « Suffit, n'y pense plus, je ne veux pas de ces pensées. » Vous savez comment le mental fonctionne.

Cela me dérangeait donc et une autre idée m'est venue : «Si tu ne peux pas trouver d'argent ici, va en Amérique. Peut-être qu'en rédigeant un courrier...» Et je me suis demandé : «D'où me vient cette pensée ? C'est terrible. Jamais je n'ai voulu quitter l'Inde, jamais.» J'ai donc arrêté en pensant : «Ce doit être quelque ancienne vasana, du temps où je vivais en Amérique.» Et j'essayais de maîtriser cela, mais la pensée revenait. Alors je pensais. «Même si je vais en Amérique, à quoi bon ? Je ne connais personne là-bas. La seule personne que je connaisse, c'est ma mère, celle qui m'a mis au monde. Et ce n'est pas une femme riche. » Je croyais mettre un point final à l'idée des Etats-Unis, mais elle revenait sans cesse. Mon japa s'était transformé la plupart du temps en : «L'Amérique, va en Amérique.»

Un jour que tout cela m'oppressait -«Pourquoi ces pensées me viennent-elles sans cesse ?» - j'ai fini par aller trouver Amma et lui dire : «Amma, ces pensées me hantent et je n'arrive pas à m'en débarrasser.» Elle a répondu : «Ce ne sont pas tes pensées, ce sont Mes pensées. C'est parce que je vois Mes enfants souffrir ainsi. Je n'ai pas besoin d'une chambre, cela m'est indifférent, mais je sais que vous avez besoin d'un endroit où méditer. Et je n'aime pas vous voir dormir sous les arbres chaque nuit. Ce n'est pas juste. Nous n'avons rien et aucun moyen d'obtenir quoi que ce soit. J'ai donc pensé que si tu allais en Amérique, tu pourrais trouver de l'argent pour construire une salle de méditation pour les brahmacharis.»

D'une certaine façon, j'étais soulagé, parce que c'étaient les pensées d'Amma et non les miennes. En revanche, je n'étais pas vraiment heureux, parce que je ne voulais pas quitter l'Inde. Amma dit : «Pars ; ta mère t'a offert un billet d'avion dès que tu voudrais rentrer. Et ne t'inquiète pas, je serai avec toi. Et ne sois pas déçu.» Je me suis demandé ce qu'Amma voulait dire par là. «Ne sois pas déçu. Cela ne semble pas très prometteur.» Alors je Lui ai demandé : «Quel est le problème, Amma ?» Elle a répondu : «Combien te faut-il pour construire ce que tu as dans l'idée ?» «Je ne sais pas, peut-être quinze mille dollars.» Vous imaginez ce que cela représentait pour nous. «Quinze mille dollars ? Tu trouveras ce qu'il te faut. Ne sois pas ambitieux.» Je n'ai pas compris ce qu'Elle voulait dire. Après tout, je partais en Amérique, j'allais envoyer un courrier à tout le monde et ils allaient tous aimer Amma, aider le pauvre ashram en Inde. Du moins, c'est ce que je pensais.

Je suis donc parti en Amérique, à Santa Fé, où ma mère habitait à l'époque. Je ne savais pas quoi faire, je ne connaissais personne. Je ne savais pas comment rassembler des fonds. J'ai donc écrit quelque chose. Et quelqu'un a offert d'imprimer une brochure sur Amma et l'ashram. Personne n'avait entendu parler d'Elle, même pas en Inde. En 1981, personne ne La connaissait en-dehors des villageois. Des gens ont donc imprimé cette brochure. Et la liste d'adresses ? C'étaient les amis et les parents de ma mère et aucun d'entre eux n'était tourné vers la spiritualité. Comme je n'avais rien à perdre, j'ai décidé d'envoyer les brochures. J'ai eu une interview avec le journal local de Santa Fé. J'ai parlé d'Amma, j'ai raconté Sa vie. Le journaliste n'a pas pu croire ce que je racontais.

Vous voyez un Américain moyen ouvrir par erreur une biographie d'Amma et la lire ? Que pensera-t-il ? Même dans un magazine spirituel, j'ai lu un jour un compte-rendu de la biographie d'Amma et c'était présenté à peu près comme un conte de fées. La vie d'Amma est si incroyable. Personne n'a rien vécu de pareil. Le journaliste me regardait en songeant : «Mais pourquoi donc suis-je venu faire cette interview ?» Il n'a rien cru de ce que je lui racontais.

Le journal a publié l'article et je m'attendais à ce que beaucoup de gens appellent pour en apprendre plus sur Amma. Personne n'a appelé. J'ai commencé à comprendre ce qu'Amma avait voulu dire. Puis nous avons envoyé la brochure. Sur soixante-dix ou quatre-vingt personnes, trois ont envoyé dix dollars. «Cela ne payera même pas le billet d'avion. Trente dollars, est-ce que je suis venu ici pour trente dollars ? Je ne devrais pas penser à l'argent mais c'est pour cela que je suis venu. Je ne peux pas construire une salle de méditation avec de l'herbe ou du sable.» J'étais très déçu. Amma m'avait prévenu. «Ne sois pas déçu. Ne sois pas ambitieux.» J'ai pensé : «Je vais encore attendre une semaine, peut-être que quelque chose viendra. Ensuite, il me faudra repartir.» Au bout d'une semaine, rien. J'ai pensé que même les paroles d'Amma s'étaient avérées fausses. J'ai donc demandé à ma mère de réserver mon billet de retour pour l'Inde. «Je rentre. A quoi bon rester plus longtemps ? Je suis ici depuis un mois et demi.» Ma mère m'a regardé, puis elle a dit : «Quand tu étais petit, ton père t'avait acheté une collection de pièces de monnaies. Il l'avait payée neuf cents dollars à l'époque. C'était il y a longtemps. Je l'ai gardée, elle est à la banque depuis trente ans. Elle doit valoir beaucoup plus maintenant. Pourquoi ne pas la prendre et voir ce que tu peux en tirer ?»

J'ai pris la collection de pièces et je suis allé chez un marchand. Il m'en a offert dix mille dollars et je la lui ai aussitôt vendue. Mais j'avais quand même des doutes ; dix mille dollars, ce n'est pas quinze mille dollars. J'étais donc encore un peu triste. Et la veille de mon départ, ma mère m'a dit : «Pourquoi as-tu l'air si triste ? Dix mille dollars, c'est beaucoup d'argent, tu sais.» «Oui, c'est beaucoup d'argent.» «Combien te fallait-il ?» «Quinze mille dollars.» «Tu sais, quand ton père est mort, il a laissé une sorte de trust, il y a encore cinq mille dollars placés là. Si je parle aux associés de la banque, je suis sûre que nous pourrions récupérer cet argent. Ecris simplement une lettre indiquant pourquoi tu as besoin de cet argent, disant que tu veux faire quelque chose en Inde.» J'ai écrit cette lettre et ils ont aussitôt transféré les fonds, après une simple conversation téléphonique avec moi.

Le lendemain, je suis donc reparti avec quinze mille dollars en poche. Alors j'ai compris le sens des paroles d'Amma. Elle avait tout prévu. C'était Son sankalpa, Sa vision divine. Je n'avais pas la moindre idée de tout cela, personne n'en avait la moindre idée. Beaucoup d'entre nous ont sans doute eu des expériences similaires : Amma a dit quelque chose qu'ils ne comprenaient pas.

Cela me rappelle une autre histoire qui démontre clairement que les mahatmas voient le passé, le présent, le futur. Ils lisent comme dans un livre ouvert et emploient cette connaissance pour notre bien. C'est une histoire vraie. Il y a quelques centaines d'années vivait un grand saint. Un homme entendit parler de lui. On lui dit que c'était un être qui possédait tous les pouvoirs spirituels et la connaissance, une grande âme. Cet homme richissime est donc venu pour avoir son darshan. Il lui a parlé un moment, rien de particulier, juste quelques propos mondains. En se levant, il a tiré de sa poche un petit sac qui contenait quelques pièces d'or et il a posé l'or sur la table. Il allait sortir de la pièce quand le mahatma s'est levé et l'a accompagné à la porte. «Vous partez maintenant ? Ne puis-je rien faire pour vous ? Puis-je vous aider ?» L'homme a répondu : «Non, je n'ai besoin d'aucune aide, swamiji, je suis venu pour votre darshan, c'est tout. J'ai entendu dire que vous étiez le plus grand mahatma du pays, et je suis venu pour votre darshan. » Le saint a répondu : «Non, non vous êtes sûr ? Je suis certain que je peux faire quelque chose pour vous.» L'homme riche a dit : «Swamiji, de quoi aurais-je besoin ? Je possède de l'or en quantité. Je suis très riche, toutes mes filles sont mariées, elles ont de bons époux ; mes fils réussissent, mes petits-enfants sont en bonne santé, tout va bien. Je n'ai besoin de rien, swamiji.» «Non, je crois que je peux réellement vous aider. Je veux vous raconter une histoire.» «D'accord», a répondu l'homme.

Et le saint a raconté l'histoire suivante :

Il y a cent ans, deux familles de marchands vivaient dans un village, non loin d'ici. Et le même jour, dans chacune de ces familles, un garçon naquit. Comme ils étaient voisins, ils grandirent ensemble et ils devinrent comme des frères. Et à l'adolescence, ils firent vœu de rester comme des frères de sang jusqu'à leur mort. Plus tard, ils se marièrent et s'installèrent dans deux villes différentes, à environ trois cents kilomètres de distance. Au début, ils s'écrivaient une fois par semaine, puis une fois par mois, une fois par an et ils finirent par oublier, absorbés par leur commerce, leurs affaires de famille, etc...Ils étaient fort prospères tous les deux mais, tout d'un coup, l'un d'eux eut des problèmes et fit faillite. Tout se mit à mal tourner : ses vaisseaux firent naufrage, ses magasins brûlèrent, lui-même fut victime de vols et d'escroqueries. Il devint très pauvre, il ne lui restait presque plus rien. Il se rappela son ami et fit le voyage, trois cents kilomètres. Il arrive à la maison de son ami, celui-ci l'accueille, tout heureux de le revoir, l'embrasse, lui offre un bon repas et une belle chambre pour dormir. Puis il lui demande : «Qu'est-il arrivé ?» «J'ai perdu toute ma fortune.» Alors l'ami appelle son comptable et lui dit : «Faites le compte de tous mes biens, mes possessions, l'argent liquide, etc... et donnez-en la moitié à mon frère.»

Très touché, il prend la moitié de la fortune de son ami et rentre chez lui. Il monte une grosse affaire et redevient prospère, plus encore qu'auparavant. Mais il avait tant souffert de la pauvreté, qu'il décida que plus jamais il ne serait pauvre. Il fit construire une maison qui était une vraie forteresse ; elle n'avait pas de fenêtres, pour décourager les voleurs, et elle était ignifugée. A l'étage supérieur, il fit faire une pièce en métal. C'est là qu'il gardait tout son trésor et ses biens. Il y avait son bureau et ses livres de compte. Il était devenu extrêmement attaché à l'argent.

Et que s'est-il passé ? Pendant ce temps-là, l'ami qui lui avait donné la moitié de sa fortune a fait faillite. On a même saisi sa maison. Il est devenu plus pauvre que son frère d'adoption ne l'avait été, n'ayant même plus rien à manger. Après avoir souffert de la famine pendant une semaine, il pensa: «Je vais aller rendre visite à mon ami. Il se rappellera sûrement ce que j'ai fait pour lui, et il m'aidera, il s'occupera de moi.» Il écrivit à son ami : «Je viens, mais je viens à pied parce que je n'ai rien, je n'ai aucun moyen de transport.» Toujours affamé, il se mit en route. Et en arrivant, il était presque mort. Tout le long de la route, il avait espéré que son ami enverrait une voiture à cheval le chercher et que tout irait bien ensuite. Mais rien de tel ne s'était produit. Arrivé devant la porte de cette maison-forteresse, il frappe à la porte. Le gardien ouvre la porte en disant : «Que veux-tu ? Nous ne laissons pas entrer les mendiants ici.» «Je ne suis pas un mendiant, répond l'homme, c'est la maison de mon frère. Je suis son frère. Je suis son meilleur ami.» «Il n'a pas de frère, il n'a pas non plus d'amis. Va-t-en !» «Non, non, je suis son frère.» «Va-t-en.» Et il lui claque la porte au nez. L'autre, qui était sur le point de mourir, continue à frapper à la porte. Le gardien finit par ouvrir: «Que veux-tu ?» «Dis lui simplement mon nom.» Le serviteur monte jusqu'à la chambre forte où se trouvait le riche marchand entouré de tout son argent et de tous ses sacs d'or. Et il lui dit : «Cet homme est à la porte, c'est un mendiant. Il dit qu'il est votre frère, votre meilleur ami, qu'il vous a envoyé une lettre et que vous l'attendez.» Le riche réfléchit : «Si je le laisse entrer, il s'attendra peut-être à ce que je lui donne la moitié de ma fortune, comme il l'a fait pour moi, ou bien mon cœur pourrait s'attendrir en le voyant souffrir et je risque de lui donner de l'argent. Alors, peut-être, je redeviendrai pauvre comme lui.» Et il répond au serviteur : «Je ne connais personne de ce nom. Dis-lui de s'en aller.»

Le gardien dit au pauvre : «Il dit qu'il ne te connaît pas et qu'il ne donne rien aux mendiants.» Et il lui claque la porte au nez.

Il se dit : «De toute façon, c'est une erreur. Je vais mourir, mieux vaut que je ne meure pas ici, ce serait malheureux qu'un mendiant meure de faim sur les marches de la maison, ce serait une mauvaise nouvelle pour lui. » Il s'est donc traîné un peu plus loin, à dix mètres de la maison et il est mort. Au bout de quelques mois, l'autre est tombé malade et il est mort aussi. Ils se sont retrouvés à Yamaloka, là où vit le dieu de la justice. Tout le monde y va après la mort. Yama dit à l'homme généreux : «Tu vas au paradis pendant très longtemps.» Puis il regarde l'autre et lui dit : «Et toi, tu sais où tu vas ?» «Oui.» «Tu vas en enfer pendant très longtemps. Cet homme t'a aidé mais tu as ensuite refusé de lui ouvrir ta porte. C'est terrible, ce que tu as fait.» Alors l'homme généreux dit : «Oh Monsieur Yama, je vous en prie, ne faites pas cela. Cet homme est mon frère et j'ai fait le serment de m'occuper de lui comme de mon propre frère. S'il doit aller en enfer, s'il ne peut venir au paradis avec moi, laissez-moi aller en enfer avec lui. Je serai très heureux de l'accompagner.» Alors Yama a répondu : «Impossible. Il ira en enfer et tu iras au ciel, à moins que tu ne trouves une autre solution. Mais tu ne peux pas aller en enfer et il ne peut pas venir au ciel avec toi.» Alors il a dit : «D'accord. Il y a dû avoir une erreur. Son serviteur lui a mal transmis le message ou bien il m'avait oublié. Donnez-lui une chance de rattraper son erreur. Renaissons sur terre. Je serai fils d'un pauvre, je serai mendiant, et il sera de nouveau un homme riche. Et je mendierai de nouveau, et cette fois il me donnera quelque chose.» Yama donna son accord.

Les voici donc renvoyés sur terre, par train express, et bien sûr, le bon est né mendiant, le mauvais est né dans une famille riche.

Ils grandissent à nouveau. Un jour, le pauvre passa dans la rue où vivait le riche. Il avait tout oublié, comme nous tous - nous ne nous rappelons pas nos vies passées. Mais il avait fait ce sankalpa, ce vœu et passant dans la rue où habitait le riche, il alla mendier à sa porte. Tous les voisins l'avertirent : «N'y va pas. Cet homme est si avare qu'il ne donne même pas les miettes aux oiseaux.» Mais le mendiant dit : «Non, je dois essayer.» Il entra donc et le riche se trouvait là. «Que veux-tu ?» «Monsieur, je veux juste un vieux chappati rassis. Même un papadam ramolli. N'importe quoi.» «Rien du tout. Je ne donne rien, même aux oiseaux. Personne ne te l'a dit ? Sors d'ici.» «Non, donnez-moi quelque chose, même si c'est une banane pourrie.» «Non, je ne donne rien à personne.» Leurs yeux se rencontrèrent alors. Ils ne savaient pas ce qui se passait mais le mendiant y mit de la passion. Il se mit à pleurer : «Il faut que vous me donniez quelque chose, il faut que vous me donniez quelque chose.» Car c'était le sankalpa qu'il avait fait : le riche devait lui donner quelque chose pour éviter de se retrouver ensuite en enfer. Il l'implora : «Je ne veux recevoir que de vous, de personne d'autre, il faut que j'aie quelque chose ! N'importe quoi !» «Non, va-t-en !» Le mendiant le tira par la chemise : «Non, donnez-moi quelque chose !» Alors le riche le gifla à pleine volée. Le mendiant était déjà faible, affamé, et l'émotion l'avait encore affaibli. Il s'effondra sur le sol et mourut. Et l'on enleva le cadavre de la maison.

Le mahatma raconta l'histoire et s'arrêta là. Alors l'homme riche se mit à pleurer, pleurer, il ne pouvait plus s'arrêter. Il dit : «Swamiji, je suis cet homme riche. J'ai fait cela la semaine dernière.» «Je sais.», lui dit le saint. « Que puis-je faire ? Comment compenser toutes mes mauvaises actions ?» «Vends tout ce que tu as, convertis-le en pièces d'or et distribue cet or à tous les pauvres que tu rencontreras en pensant que ce sont les membres de la famille de ton frère. Les pauvres sont une seule famille. Donne cet or à tous les pauvres que tu pourras trouver. Et quand tu auras fini de distribuer ton argent, fais-toi mendiant. Et l'argent que tu reçois en mendiant, donne-le à ceux qui sont plus pauvres que toi. Aime-les comme ton propre frère et ta propre sœur. Alors tout ira bien.»

C'est une histoire vraie qui date d'il y a longtemps. Les mahatmas peuvent donc voir notre passé et notre futur. Et ils agissent toujours pour notre bien. Encore faut-il avoir la foi. C'est le facteur décisif : notre foi en leur vision divine. C'est une des raisons pour lesquelles nous venons tous à Amma et recherchons Ses conseils et sa bénédiction. C'est ainsi qu'Elle nous guide.

Quel est l'obstacle qui nous empêche d'accepter les conseils d'Amma ? C'est seulement notre ego. L'ego croit savoir quelque chose bien qu'il ne sache rien. Il ne sait absolument rien, il a la vision limitée d'un myope et ne voit que la situation présente, le moment présent. Amma dit qu'il faut se libérer de l'ego pour pouvoir sentir la présence divine. Je vais vous lire un peu de ce qu'Elle dit à ce sujet.

«Nous avons besoin de pratiques spirituelles, de déraciner l'ego. Les pratiques spirituelles ont pour but d'éliminer l'ego. Nous avons toujours le sentiment d'être supérieurs aux autres ou d'être meilleurs. Ce sentiment nous suit partout. Même si nous faisons des excuses à quelqu'un, nous le regrettons en-suite :'Pourquoi me suis-je excusé auprès de lui ? Je suis meilleur que lui, je n'aurais pas dû faire cela.' Ces idées pleines d'ego nous tireront toujours vers le bas. De telles pensées et de telles actions ne peuvent disparaître qu'en présence d'un maître parfait.»

Vous avez peut-être remarqué que des gens qui n'ont jamais pleuré de leur vie fondent soudain en larmes en présence d'Amma. Ils redeviennent comme des petits enfants. Quelque chose se produit, ils se mettent à pleurer. C'est cela, l'expérience qui nous est donnée en présence d'Amma. Elle sait qu'en Sa présence, l'ego fond.

«*Eux seuls peuvent nous libérer de l'ego. Un arbre immense est latent dans la grain mais c'est seulement si la graine s'enfonce sous la terre que l'arbre se développera. Si la graine pense fièrement : 'Pourquoi devrais-je me prosterner devant cette terre sale ?' sa nature réelle ne peut pas se manifester. Nous ne pourrons atteindre la vérité suprême, notre nature réelle, qu'en cultivant et en développant l'humilité.*»

Vous avez sans doute lu les contes mythologiques de différentes traditions, grecque ou hindoue. Dans nombre de contes, il est question d'or, par exemple des pommes d'or. (C'est l'un des travaux du demi-dieu Hercule : rapporter les pommes d'or du jardin des Hespérides. N.d.t.) Ou bien il s'agit d'atteindre la fontaine de jouvence, de se procurer le pot d'Amrit, le nectar d'immortalité, ou encore un trésor, un trésor caché. Et dès que le héros s'en approche, que découvre-t-il ? Un cercle de flammes, un géant ou un rakshasa (démon) gardent le trésor. Ou bien des serpents. Que symbolisent ces obstacles ? L'ego. Et le trésor, l'or, c'est notre nature réelle. C'est le sens de tous ces mythes. L'ego est donc le seul obstacle à la réalisation de Dieu.

Il était une fois un mahatma qui pendant de longues années donna régulièrement des satsangs. Un homme qui ne les manquait jamais s'est trouvé obligé d'aller vivre ailleurs pendant quelques années. A son retour, il vint voir le sage et lui dit que ses satsangs lui avaient beaucoup manqué. Il répondit : «Et pourquoi donc ? Même si tu étais parti vingt ans, tu n'aurais rien manqué car tout ce que j'ai à dire se résume à ceci : Libérez-vous de l'ego.»

C'est tout. C'est le sujet du satsang, le sujet de la vie spirituelle. Une fois que vous êtes libéré de l'ego, que reste-t-il ? Si vous videz complètement cette pièce, enlevant les piliers, la moquette, etc..., que reste-t-il ? L'espace. C'est tout. Si vous enlevez l'ego, les pensées, les sentiments, tout ce qui est bon ou mauvais, ce qui reste est le Soi. C'est Dieu, le substrat de toute chose. Pas besoin d'aller chercher Dieu ailleurs. Il suffit d'enlever ce qui occupe l'espace. Voyons le verset suivant :

> *« Il est bon pour un chercheur spirituel de visiter des bidonvilles, des hôpitaux, etc... au moins une fois par mois. Cela lui permettra de comprendre la nature de la souffrance, de développer un mental fort et rempli de compassion. »*

Alors comment se débarrasser de l'ego ? Il est pareil à un nœud très résistant. Qu'y a-t-il au centre ? Le mental ? Non. Quelle est la nature essentielle de l'ego ? L'avidité ? Non, mais nous ne sommes pas loin. L'envie, la jalousie ? Vous brûlez. Cela commence par un « E ». C'est cela, l'égoïsme. C'est ce qui constitue l'ego. C'est le point de départ de toutes ses autres manifestations. Une manière de défaire ce nœud, pour que notre nature divine puisse s'exprimer librement, c'est de nous débarrasser de tout égoïsme, nous dit Amma. Comment se libérer de l'égoïsme ? Comme le conseille le saint de l'histoire, en donnant. L'égoïsme nous pousse toujours à prendre. « Je veux ceci, je veux cela. » Mais vous savez combien de gens disent que quand ils donnent, quand ils ont l'occasion de donner, ils se sentent proches d'Amma. Ils éprouvent une joie qu'ils ne ressentent jamais en prenant. Ils sentent la présence d'Amma. En voilà la raison. Amma est déjà là, pour nous tous, en chacun de nous, mais nous ne ressentons pas Sa présence à cause de l'ego. Quand il commence à s'estomper, la présence d'Amma se manifeste en nous, du moins un peu.

C'est pourquoi Amma nous recommande de visiter des lieux où l'on peut voir beaucoup de souffrance humaine. C'est pour faire fondre notre égoïsme, développer notre sympathie et notre compassion. Il ne s'agit pas seulement de servir l'humanité. L'idée, c'est de réaliser Dieu, de sentir la présence divine, le bonheur véritable.

Dans les Upanishads, il y a une petite histoire.

Les démons, les dieux, les êtres humains sont venus trouver Brahma, le créateur, en lui demandant ce qu'ils devaient faire. Il a répondu : «Da, Da, Da.» Personne n'a compris. Ce n'est même pas du sanscrit. Alors ils lui ont demandé : «Mais qu'est-ce que cela veut dire ?» Il a regardé les dieux et il leur a dit : «Da pour dama, qui veut dire contrôle. Vous voulez savoir ce qui est bon pour vous, eh bien alors maîtrisez-vous.» Pourquoi les dieux ont-ils donc besoin de contrôle ? Parce qu'au ciel, ils nagent dans les plaisirs, au point qu'ils ne distinguent plus le jour de la nuit et qu'ils en oublient ce qui est bon pour eux. Ils ne distinguent plus le bien du mal. C'est pourquoi Brahma leur a dit : dama, contrôle.

Ensuite pour les démons, Da signifie daya, la bonté, la compassion. Les démons, vous savez, ce sont des fauteurs de troubles. Et pour les humains Brahma a dit : «Da signifie dhana, donne.» Parce que les êtres humains sont essentiellement égoïstes. Ils sont attachés à leurs biens. Donc, pour se libérer, il leur faut donner.

C'est le sujet de ce verset, et celui du satsang d'aujourd'hui : donner.

Om Namah Shivaya !

Satsang San Ramon, 1994
Cassette 11 - Face A

Sadhana et Réalisation

La dernière fois, nous avons commenté un verset tiré de Paroles d'Amma qui dit :

«Un chercheur spirituel ne doit pas pleurer pour des choses éphémères. Il ne doit pleurer que pour la vérité.»

C'était notre sujet de la semaine dernière mais nous ne sommes pas arrivés à la deuxième moitié de ce verset. C'est ce que nous allons faire maintenant.

«Un chercheur spirituel ne doit jamais se montrer faible. Il doit porter le fardeau du monde entier.»

Quand quelqu'un se livre à une vraie sadhana, sans se contenter de parler de pratiques spirituelles mais en s'y consacrant totalement, quand son cœur brûle de réaliser Dieu, d'avoir la vision de Dieu, d'autres personnes qui ne sont pas si fortes, qui n'ont pas le même enthousiasme, mais qui ont aussi de la dévotion prennent courage en voyant qu'il est possible de se plonger entièrement dans la sadhana. Et quand elles constatent, en observant son allure, ses paroles, ses actions, sa vie, sa présence, qu'un chercheur fait de réels progrès spirituels, elles le considèrent tout naturellement comme un soutien pour leur vie spirituelle.

En ce cas, un tel chercheur ne doit pas faire preuve de faiblesse. Pourquoi ? Parce que les problèmes font partie de la vie. Tout le monde a des problèmes. Le simple fait de naître entraîne des problèmes : il faut trouver à manger, se procurer un abri, il y a la maladie, dont tout le monde fait l'expérience, cela fait partie de la vie dans le corps. Puis il y a des circonstances particulières, les situations difficiles auxquelles vous êtes confronté. Chacun a ses problèmes. Mais quand les gens nous considèrent comme une sorte de refuge pour leur vie spirituelle, alors il ne faut pas faiblir. Ignorant nos propres difficultés, il faut essayer de les aider.

N'oubliez pas que ceci ne s'adresse pas à tout le monde. Si on attache un éléphant à un buisson de fleurs, qu'arrivera-t-il ? Il le mangera ou il l'arrachera. Il faut attacher l'éléphant à un grand arbre, à un arbre adulte. Il se frottera la peau contre le tronc, cela n'ébranlera pas l'arbre. Amma ne parle pas ici de tous ceux qui font des pratiques spirituelles, mais de ceux qui le font intensément, qui en obtiennent le fruit et évoluent spirituellement. Il leur appartient d'abandonner tout égoïsme, de ne plus se préoccuper ni de leur souffrance ni de leurs affaires personnelles, tout cela pour le bien de l'humanité. C'est l'idéal d'Amma. C'est aussi l'idéal de nombreux sages et saints de l'histoire de l'humanité.

Par exemple le Bouddha. Il a vécu jusqu'à l'âge de quatre-vingt-deux ans et vous savez qu'Il avait près de quarante ans lorsqu'Il est parvenu à l'illumination. Et ensuite, pendant quarante-deux ans, Il a donné le reste de sa vie à l'humanité. Mais pas d'emblée. Lorsqu'Il est parvenu à l'expérience de la béatitude divine sous l'arbre bodhi, Il s'est levé et pendant des jours, Il a marché de long en large, en proie à une grande lutte intérieure. Il avait fait des pratiques spirituelles (sadhana) pendant six ou huit ans, une ascèse (tapas) intense et Il se demandait : «Dois-je profiter tout seul de la béatitude ou bien partager ma découverte avec le reste de l'humanité ?» Pourquoi ? Parce que ce n'est pas vraiment drôle de se mêler aux gens. Ils viennent avec leurs problèmes. C'est le rôle des êtres spirituels, ils sont là pour nous débarrasser de nos problèmes. Alors chacun vient avec son fardeau. C'est un sacrifice immense. Un être qui vit dans la béatitude divine doit sans cesse faire redescendre son esprit à notre plan de conscience et écouter des problèmes, jour et nuit.

Imaginez que vous êtes en train de dormir, goûtant la béatitude du sommeil profond, et que toutes les cinq minutes quelqu'un entre dans la pièce pour vous confier ses problèmes. Cela doit ressembler à cela, simplement, la béatitude divine (paramananda) est beaucoup plus intense que le sommeil. C'est la situation d'Amma. Elle-même dit bien souvent qu'Elle doit faire redescendre Son mental dans ce monde pour accomplir la tâche qu'Elle entreprend, c'est-à-dire pour écouter les problèmes de l'humanité. Elle ne se contente d'ailleurs pas d'écouter, Elle agit en vue d'y remédier.

Bouddha était donc en proie à ce conflit intérieur. Dois-je le faire, oui ou non ? En général, les incarnations divines (avatars) passent par cette lutte intérieure puis, comme Ils sont venus dans ce but (Ils ne sont pas venus sur terre pour goûter la béatitude), Ils prennent la décision de partager leur réalisation avec le reste de l'humanité. C'est ce qu'a fait Bouddha. Alors Il a donné son premier discours (je crois que c'était à Sarnat, près de Bénarès) et à qui s'est-Il adressé ? Aux cinq ascètes (tapasvis) qui L'avaient rejeté, en quelque sorte ses premiers ennemis. Mais ce n'était que le début de tous les problèmes. Il a eu ensuite tous Ses bikshous et Ses bikshounis , les moines et les nonnes, et beaucoup d'autres disciples. Il fallait qu'il les instruise et les discipline. Vous pouvez imaginer. Il était entouré de milliers de gens. Le sangam, la communauté des religieux, comprenait, dit-on, dix mille personnes, qui voyageaient toujours avec Lui. Vous imaginez ? Et il fallait qu'Il s'occupe de chacun d'eux. Il n'avait pas à les nourrir ni à cuisiner pour eux. Mais ils avaient tous pris refuge en Lui. Il devait donc constamment se préoccuper de leurs problèmes, sans avoir le temps de penser aux siens. Et il y avait tous les autres, les pères et mères de familles qui venaient tous Le consulter à propos de leurs problèmes. Il avait en outre de nombreux détracteurs. Tout le monde ne L'aimait pas. Son propre cousin était Son plus féroce ennemi et a essayé de nombreuses fois de Le tuer. Sa vie n'était pas toute rose. Mais de toutes ces difficultés, Il ne se souciait pas. Il les a mises de côté et Il a donné Sa vie au monde. Pas pour une journée ou une minute, mais pendant quarante-deux ans, jour et nuit.

Puis il y a Jésus-Christ. Il avait trente ans quand il a commencé à partager Sa réalisation avec l'humanité. Et comme chacun le sait, Lui aussi a eu quelques problèmes. Les Romains et les Zélotes le considéraient avec méfiance. Les Zélotes étaient les Juifs qui voulaient libérer Israël des Romains qui, à l'époque, occupaient le pays. Ils voulaient se battre et le Christ était opposé à la guerre. Il a dit : « Si quelqu'un te frappe sur la joue droite, tend la joue gauche. » Sa voie était la voie spirituelle, non celle du monde. Et c'est pour cela que personne ne L'a compris. Et puis il y avait les Saducéens et les Pharisiens, les prêtres juifs de l'époque. Ils n'aimaient pas non plus ce que disait le Christ car Il ne parlait pas un langage rituel figé, Il parlait selon l'esprit des Ecritures. Et au bout de trois ans, ils se sont débarrassé de Lui, Il est mort à l'âge de trente-trois ans. Il a eu douze disciples qui n'étaient pas uttama adikaris, pas évolués. Ils ne Le comprenaient pratiquement pas. Si vous lisez le Nouveau Testament, ils Lui demandaient constamment : «Mais qu'est-ce que Tu veux dire ? Nous ne comprenons pas. Cela n'a aucun sens. Parle simplement, n'utilise pas tout le temps des paraboles.» Ce n'étaient donc pas de bons disciples. Ils avaient bien une certaine foi en Lui mais, spirituellement, ils n'étaient pas très évolués. C'est un vrai casse-tête d'avoir de tels disciples. Bref, Il avait bien des problèmes. En-dehors des Zélotes, des Romains et des prêtres, Ses propres disciples représentaient un gros problème. Et des milliers de gens Le suivaient partout où Il allait. Parce qu'Il avait accompli quelques miracles, tous les aveugles, les paralytiques et les malades voulaient L'approcher et Le toucher.

Ce que j'essaie de dire est ceci : ces êtres qui sont des avatars, des siddhas, des êtres parfaits, quel exemple nous ont-Ils donné ? L'abnégation absolue, le sacrifice total de soi-même. Une fois qu'Ils ont pris la décision de donner leur vie au monde, Ils l'ont fait pour de bon.

Et il y a des saints plus contemporains comme Ramakrishna Paramahamsa ou Ramana Maharshi. Ramakrishna Paramahamsa a tant parlé aux gens, a tenu tant de discours spirituels et donné tant de conseils qu'Il a eu le cancer de la gorge. Je ne sais pas si c'était dû au fait de parler. Mais qui sait ? Peut-être que ses cordes vocales ont été trop sollicitées et que les cellules ont muté. Jusqu'à Son dernier souffle, Il s'est donné aux gens.

Et Ramana Maharshi. Lui aussi a souffert. Il avait de terribles rhumatismes. Si vous avez jamais vu le film de Sa vie, on voit que Ses jambes ressemblent à des bâtons avec des boules, tant elles sont enflées par les rhumatismes. Il peut à peine marcher. Et pourtant Il s'occupait des autres alors que Lui-même souffrait tant. On pouvait aller Le voir à n'importe quelle heure du jour ou de la nuit. C'était comme s'il n'y avait pas de pièce, pas de murs. Et Il a donné darshan jusqu'à Son dernier souffle. Les gens ont pu le voir jusqu'à ce qu'Il ait expiré. Il a insisté pour que les gens viennent parce qu'Il connaissait la valeur du darshan d'un jivanmukta (un être libéré et vivant).

N'importe qui peut s'intituler «saint» ou «swami», mais ceux qui sont réellement unis à Dieu sont très rares. Ils connaissent la valeur de leur darshan. Ce n'est pas de l'ego, c'est de la compassion. Il a donc donné son darshan jusqu'à la fin.

Et aujourd'hui nous avons Amma. Nous pouvons voir par nous mêmes. En-dehors du sommeil, chaque instant de la vie d'Amma est consacré à ceux qui viennent à Elle, rien n'est pour Elle-même. Et beaucoup de gens viennent La voir. Même quand Elle prend Son repas de midi (et Elle mange très peu), c'est-à-dire environ à trois ou quatre heures de l'après-midi, une fois qu'Elle a terminé le darshan, Elle a avec Elle deux ou trois personnes qui Lui parlent de leurs problèmes. Essayez d'écouter quelqu'un tout en mangeant et vous verrez qu'il est impossible de savourer la nourriture. Le mental ne peut faire qu'une seule chose à la fois et donc soit il goûte, soit il voit, soit il écoute. On ne peut être parfaitement attentif qu'à une chose à la fois. Je pense donc que depuis vingt ans, Amma n'a jamais vraiment goûté Sa nourriture. C'est curieux mais c'est vrai.

Toutes sortes de gens viennent La voir ; Elle donne le darshan presque chaque jour. Elle voyage six mois de l'année, depuis huit ans. Et il ne s'agit pas de quelques kilomètres. Elle fait le tour du monde. En ce moment même Elle voyage. Et puis, il y a les trois ou quatre cents résidents de l'ashram en Inde ; il faut s'occuper de chacun, les satisfaire, leur enseigner la discipline et la spiritualité. Tant de gens ! Il y a environ cent ou cent cinquante brahmacharis, il y a les swamis. Chacun veut passer un peu de temps avec Amma, entendre quelques paroles d'Elle. Et puis, il y a l'orphelinat, les écoles, dix ou onze écoles, l'Institut d'informatique, l'école d'ingénieurs, il va y avoir ce grand hôpital. Et qui s'occupe de tout cela ? Il y a bien des gens qui dirigent tout cela mais ils viennent tous trouver Amma pour savoir quoi faire. Et il y a toujours tel ou tel problème. Amma ne dit jamais : «Oh, ne m'embêtez pas, j'en ai assez !» Que dirions-nous s'il nous fallait supporter un millième de tout cela !

Donc, en tant que dévot d'Amma ou d'un de ces êtres pleins d'abnégation, que devons-nous faire ? Amma nous dit de ne pas être faibles, c'est-à-dire de ne pas nous effondrer sous le poids de notre propre fardeau. Prenons le fardeau des autres. Faisons preuve d'abnégation. Cela nous élèvera jusqu'à l'état d'abnégation totale, l'état sans ego, qui est la réalisation. Nous serons alors libérés du petit «moi». La réalisation du Soi ne signifie pas que le Soi réalise quoi que ce soit. C'est être libéré de son petit «moi». Alors le véritable soi s'épanouit. Mais rappelez-vous que tout le monde n'est pas concerné. C'est seulement lorsque l'on est parvenu à un degré suffisant de maturité et de compréhension spirituelle. Ce sont des Paroles d'Amma, mais même si nous étudions ce livre, cela ne veut pas dire que nous sommes tous parvenus à ce degré de maturité spirituelle.

Quant à nous, même si nous n'avons pas atteint ce niveau spirituel - nous menons une vie ordinaire et nous ne sommes pas des saints - nous aussi, efforçons-nous d'appliquer cet idéal d'Amma dans notre vie de famille ou dans notre vie quotidienne. Cultivons un peu d'abnégation, un peu de patience. Ce ne sont pas des valeurs courantes dans le monde. On y prise plutôt l'égoïsme, la colère, la détermination et la volonté d'agir, d'obtenir ce que l'on désire, l'affirmation de ses droits. Ce n'est pas la manière d'agir d'Amma ni celle des saints. Leur façon de vivre, c'est de donner et de ne prendre presque rien, seulement le minimum. Prendre le strict nécessaire et donner le reste. La vie de famille offre de nombreuses occasions pour cela. La vie quotidienne, elle-aussi, nous offre de nombreuses occasions de développer la patience, de ne pas nous mettre en colère, de céder le pas à l'autre. Prenez par exemple le fait de passer une porte. Souvent je m'observe et je regarde aussi les autres. Si deux personnes veulent entrer dans une pièce et que la porte est trop étroite et n'en laisse passer qu'une seule à la fois, est-ce que j'essaie de passer le premier ou bien est-ce que je laisse passer l'autre ? Et d'ordinaire, les gens essaient de passer en premier. Observez-vous. Juste une petite chose comme celle-là. Combien de fois essayez-vous de passer le premier, sans vous inquiéter de l'autre personne ? Vous le faites dans le bus, en voiture, à la maison, partout. Moi d'abord. Ce n'est qu'un détail. Alors que dire à propos du sacrifice qu'Amma demande : sacrifier sa petite personne et son égoïsme pour autrui ? Il n'est pas nécessaire d'être un saint pour cela.

Le verset suivant :

«La sadhana (les pratiques spirituelles) est importante. Même si la graine contient la plante, elle ne germera que si elle est cultivée correctement et si on lui donne de l'engrais. Ainsi, même si la vérité suprême demeure en tous les êtres vivants, elle ne brillera que grâce à la sadhana.»

Amma nous avertit donc ici d'être prudents. Elle nous affirme que la réalité suprême, Dieu, est en nous mais Elle dit : «Tu es Cela, mais à moins que tu ne fasses une sadhana, cela ne brillera pas en toi.»

Il y a une tendance moderne à étudier le Védanta et l'advaïta védanta et à penser ensuite : «Je suis Brahman, je suis le Soi». Amma dit qu'il n'y a aucun mal à étudier et à penser cela. Mais pour en faire l'expérience, il faut faire une sadhana. Une femme avait assisté à des classes de Védanta. On lui avait enseigné que chacun était Brahman. Un jour, elle est rentrée chez elle après le cours en se disant : «Je suis Brahman. Alors pourquoi devrais-je faire quoi que ce soit ? Pourquoi devrais-je servir ma famille, mon mari et mes enfants ? Je dois cuisiner pour eux, je dois me lever tôt le matin. Pourquoi me donner toute cette peine ? Je suis Brahman, je suis Dieu, qu'ils se débrouillent donc tous seuls.» Elle a donc cessé de s'occuper d'eux. Elle dormait jusqu'à huit ou neuf heures du matin ; Brahman était fatigué, Brahman ne voulait pas se lever avant. Un jour, son mari a voulu boire de l'eau et il est allé à la cuisine. Dans les villages, il n'y a souvent pas l'eau courante. Il faut aller chercher l'eau au puits. D'ordinaire, les femmes stockent l'eau dans des pots en terre, dans la cuisine. Cet homme est donc entré dans la cuisine, il avait très soif et il n'a pas pu trouver d'eau. Il a appelé sa femme. «Ma chérie, où est l'eau ?» Elle a répondu : «La véritable source est en toi. Le Gange, la Yamuna, la rivière Sarasvasti, ce sont les nadis ida, pingala et sushumna, les kundalinis shaktis.» Vous savez que ce sont les trois conduits de la kundalini, dans lesquels l'énergie monte et descend. Elle a donc dit : «Ces trois conduits d'énergie symbolisent les trois rivières.» Alors il a compris qu'elle avait étudié le védanta avec ardeur. Et il a décidé de cuisiner ce jour-là. Il a mijoté un plat très épicé, avec beaucoup de sel et de piments. «Ma chérie, j'ai décidé de faire la cuisine pour toi aujourd'hui. Viens prendre place et déjeuner.» Elle s'est assise et a commencé à manger. Comme vous l'imaginez, elle a eu bientôt le palais en feu, son nez s'est mis à couler et des larmes à rouler sur ses joues. Elle a cherché de l'eau, mais il n'y en avait pas. «Que cherches-tu, ma chérie ?» «De l'eau, où est l'eau, il me faut de l'eau.» «Le Gange, la Yamuna et la Sarasvati sont en toi. Va y puiser l'eau.»

C'est contre ce genre d'interprétation du «Je suis Brahman » qu'Amma nous met ici en garde.

On raconte l'histoire d'un mendiant, dans un village, un homme très pauvre, qui reçut un jour une belle aumône : un grand pot de lait. En Inde, on met le lait dans un pot en terre et c'est là dedans que l'on fait le yaourt. Il rapporta le pot chez lui, ajouta un peu de yaourt et le suspendit au plafond avec une corde. Pourquoi ? A cause du chat, bien sûr. Et il se mit à rêver : «Demain, ce lait sera du yaourt, je vais le baratter et j'en ferai du beurre. Je le ferai fondre pour en faire du ghee que je vendrai au marché et j'achèterai une poule. La poule donnera des œufs, je la ferai couver et j'aurai des poussins. Ils se multiplieront, mon affaire grandira pour devenir une grande ferme de volailles.» Voilà ce qu'il pensait. Il voulait devenir riche. Il était pauvre et n'avait que ce pot de lait.

Il a continué à rêver : «Une fois que j'aurai cette grande ferme, je la vendrai et j'achèterai des buffles dont je vendrai le lait. Je deviendrai très prospère, je vendrai les buffles et j'achèterai un éléphant. Ils valent très cher, on peut en tirer beaucoup d'argent. Je vendrai un éléphant adulte et j'achèterai deux bébés éléphants et je les élèverai, je monterai une grosse affaire d'éléphants.» A ce moment-là il s'endormit et dans son sommeil continua à rêver. «J'ai cette grande ferme d'éléphants, maintenant, et je peux acheter un commerce de bijoux. Si je trouve un beau diamant, je l'apporterai au roi et il pourra l'acheter pour la reine. Et je deviendrai célèbre, l'homme le plus riche du village.» Et encore : «Mon affaire deviendra de plus en plus florissante, je serai l'homme le plus riche du monde. On finira par entendre parler de moi et quelqu'un voudra me donner sa fille en mariage. J'épouserai cette belle fille et nous aurons un fils. Il sera très intelligent mais aussi très obstiné. Et chaque jour, il me causera des ennuis. Ohhh, quel enfant. Quelles difficultés il me crée !» Dans son sommeil, il prit un bâton et il se mit à crier : «Petit chenapan ! Je vais te donner une correction pour t'améliorer le caractère !» Il saute du lit, et frappe le pot de lait qui tombe sur lui. Et il s'exclame : «Oh, non, ma maison, ma femme, mon fils, mon affaire, tout est perdu. Même le lait est perdu.»

C'est ainsi qu'on se comporte quand on pense : «Je suis Brahman» et qu'on ne l'est pas. C'est un rêve. Rien d'autre que des pensées et des mots. Pour devenir Brahman, il faut faire une sadhana. Impossible sans cela d'être Brahman, d'en faire l'expérience. On peut toujours dire «Je suis Brahman», comme on peut rêver qu'on est riche sans pour autant l'être.

Verset suivant :

«Si on ne prend pas correctement soin d'une plante, elle meurt de soif. Il faut la traiter de manière adéquate pour qu'elle ne souffre pas. Même si on l'étête, elle produira des branches nouvelles en quantité. Aussi difficiles que soient les règles, un sadhak doit les respecter au début. C'est à cette condition qu'il progressera.»

Donc Amma nous dit :

«Il ne suffit pas de déclarer 'Je suis Brahman', il faut ensuite pratiquer une sadhana.»

La sadhana implique des règles. Il y a des choses à faire et d'autres à ne pas faire. Les Ecritures affirment que nous sommes parfaits, que nous sommes immortels, pure béatitude, plénitude. Les Ecritures nous le disent et nous regardons autour de nous en disant : «De qui s'agit-il ? Pas de moi – je ne suis pas parfait, je ne suis pas immortel, je ne goûte pas la béatitude suprême. Mais alors pourquoi les sages disent-ils cela ? Quel est le problème ? Pourquoi n'est-ce pas mon expérience ?»

Amma nous dit que le seul obstacle qui nous empêche de goûter cette expérience, c'est quelque chose qui s'agite tout le temps en nous : notre mental. L'agitation du mental est le seul obstacle à la réalisation du Soi, à l'expérience de la béatitude du Soi. Donc, pour maîtriser le mental, il nous faut pratiquer une certaine discipline. Jusqu'à maintenant, nous avons cru que nous étions le mental, le corps, que ce monde était le lieu qui nous était offert pour en jouir. Puis nous entendons les Ecritures qui affirment que c'est faux, que notre véritable Soi est autre chose et notre système de valeurs, notre manière de considérer les choses change radicalement. Toutes nos actions, toutes nos pensées se fondent sur l'idée : «Je suis le corps.» Cela s'appelle dehatma buddhi. Amma nous dit en revanche : «Vous êtes l'atman, le paramatma, le Soi de béatitude.» Il nous faut donc changer beaucoup de choses, c'est le moins qu'on puisse dire. Pour réaliser le Soi, il faut tout transformer. Une certaine dose de discipline, certaines règles sont inévitables.

Mais il ne faut pas en faire trop ni trop vite. Après avoir lu les vérités spirituelles, les gens se lancent à fond dans les pratiques spirituelles, puis ils craquent, sont déçus, déprimés et ne peuvent plus continuer.

Pour la plupart, nous sommes déjà des arbres adultes. A moins de commencer les pratiques spirituelles dès l'enfance, mais ce n'est pas le cas de la plupart d'entre nous, nous sommes des arbres, nos vasanas - notre nature non-spirituelle- sont déjà pleinement développées. Et pourtant, nous voulons trouver Dieu. Imaginez un arbre qui pousse dans la mauvaise direction, vers l'intérieur de la maison. Que faire ? L'abattre ? Non, vous ne voulez pas tuer le pauvre arbre, vous voulez simplement qu'il pousse dans une autre direction. Vous l'attachez avec un filin en métal et vous le tirez d'un degré dans la direction où vous voulez qu'il pousse. Vous ne le tirez pas brusquement avec une grue parce que cela le casserait. Vous y allez doucement, degré par degré. Au bout d'un mois ou deux, vous tirez d'un degré supplémentaire. Progressivement vous le tournez dans la bonne direction et ensuite vous enlevez le filin. L'arbre continuera à pousser dans la direction voulue. Mais si vous lâchez avant, qu'arrivera-t-il ? Il reviendra à sa position de départ.

Il faut procéder de la même manière avec les vasanas, c'est-à-dire peu à peu développer de bonnes vasanas et nous plonger dans les pratiques spirituelles. Et lorsque c'est devenu naturel, nous n'avons plus besoin des règles ni de la discipline. Nous devenons des êtres spirituels. Notre manière de considérer les choses, de penser, de parler, d'agir, tout devient spirituel. Alors nous n'avons plus besoin de discipline ni de règles. Mais tant que nous n'en sommes pas là, elles sont nécessaires. Il y a bien sûr des gens qui n'ont pas besoin de règles, qui sont déjà au-dessus de ce niveau, comme les oiseaux qui, eux, n'ont pas besoin de route. Mais la plupart d'entre nous conduisent des véhicules, nous avons besoin d'une route. Et il ne faut pas abandonner la sadhana, il faut continuer sans se lasser.

Et puis il y a l'élément de la grâce, surtout pour nous, les dévots d'un être éveillé. La grâce est très importante. Chaque fois que je parle, je souligne le fait que tout cela paraît un peu difficile pour la plupart d'entre nous. En fait, cela semble impossible. Nous faisons tous un peu de sadhana, sans grands progrès, nous ne goûtons pas la béatitude divine. Il semble qu'il n'y ait pour nous aucun espoir d'y parvenir dans cette vie. Mais ne perdons pas courage, nous avons Amma. Dans la Bhagavad Gita, Krishna donne une foule de conseils à Arjuna. Fais ceci, fais cela ; ne fais pas cela. Il lui expose tous les aspects des pratiques spirituelles, de l'éveil, tous les enseignements spirituels. Mais que dit-Il à la fin ? Il dit : Peu importe tout cela. Prends totalement refuge en Moi et tu n'as pas besoin de t'inquiéter. Tu obtiendras ma grâce et cela te sauvera. Je te conduirai à l'état d'union avec Brahman. C'est ce qu'il y a de particulier dans notre cas : nous avons Amma. Elle est dans le même état de conscience que Krishna. Si nous prenons totalement refuge en Elle, sans aucun doute, Elle nous sauvera, malgré toutes nos faiblesses. Nous recevrons Sa grâce. Mais il faut suivre Ses instructions.

Deux disciples sont un jour allés trouver un guru. Ils voulaient recevoir son initiation. Il les envoya tous les deux aux champs en leur disant d'y travailler. Après avoir travaillé environ six mois, l'un d'eux en eut assez. «Combien de temps vais-je donc ainsi travailler dans les champs ? Cela n'a rien à voir avec la spiritualité et ça ne mène à rien. Je suis venu ici pour étudier les Ecritures, pour méditer, pour entendre des satsangs. Et je me retrouve à travailler douze heures par jour, à semer, désherber, etc…» Et il s'en alla. L'autre disciple a travaillé pendant trois ans. Il travaillait sans arrêt et tout son travail, il le faisait comme une offrande à son guru. Et qu'est-il arrivé ? Il a commencé à percevoir toute chose comme la pure conscience divine. Les champs, les plantes, les arbres, la terre, tout rayonnait la conscience, Dieu, la présence du guru. Alors le guru l'a appelé et lui a dit : «Tu n'as plus besoin de servir. Tu as atteint le but.» Il a répondu : «Guruji, je n'ai rien fait. Je n'ai fait que travailler.» «Cela suffisait, parce que tu as manifesté ainsi ton obéissance et ta foi. Alors tu as commencé à percevoir Dieu ; la grâce s'est répandue sur toi. Tu n'avais rien d'autre à faire. Tu peux partir maintenant.» Il est parti et a fondé un ash-ram. Le premier disciple est venu le trouver et lui a demandé : «Comment es-tu donc devenu un mahatma ?» «J'ai simplement servi le guru dans les champs et j'ai réalisé Dieu.»

C'est donc une voie. Il nous suffit d'obéir aux instructions d'Amma et la grâce se répandra sur nous. Mais nous nous demandons parfois pourquoi Amma nous crée tant d'ennuis. Beaucoup de gens disent qu'Elle leur crée des problèmes. Amma, bien sûr, n'admet pas qu'Elle crée des problèmes à qui que ce soit ; car en fait, Elle résout tous les problèmes. Même si Elle crée un problème, c'est pour en résoudre un. Si vous avez une épine dans le pied, vous en prenez une autre pour l'enlever. Puis vous les jetez toutes les deux. Vous connaissez cet exemple. Les difficultés créées par Amma jouent le même rôle. J'aimerais vous lire quelque chose. Quelqu'un a demandé à Amma : «Pourquoi nous plonges-tu toujours dans la peine ?» Parce que la sadhana et la vie spirituelle impliquent beaucoup de souffrances. C'est naturel, nous luttons avec notre mental pour le purifier, pour le mettre en harmonie avec Dieu, avec Amma, avec notre sadhana. Ce n'est pas facile. C'est comme un arbre adulte que l'on veut faire pousser dans une autre direction. Ce n'est pas une plaisanterie ; cela implique beaucoup de luttes.

Cette personne a donc demandé : «Amma, pourquoi nous plonges-tu toujours dans la peine ?» Amma a répondu : «Fils, cela continuera tant que votre abandon de vous-même n'est pas total, tant que vous n'avez pas entièrement pris refuge en Dieu. L'abandon complet de soi et le discipline sous la direction d'un guru sont nécessaires. Notre vie n'est-elle pas une vie de renoncement, d'abandon complet de soi-même ? Il est impossible de s'approcher de Dieu si nous n'avons aucun chagrin. C'est pourquoi, au travers d'Amma, Dieu crée des difficultés. Le forgeron travaille le fer après l'avoir chauffé dans le feu. On ne peut pas lui donner la forme voulue sans le porter à la température requise. Le fer ne peut être forgé s'il refuse d'être mis dans le feu. De même, le guru crée des obstacles et des chagrins que le disciple doit surmonter par une sadhana intense.» C'est la phrase-clé.

Ne croyez pas qu'Amma soit simplement cruelle et vous crée des difficultés. Vous pouvez penser : «Oh, depuis que j'ai rencontré Amma, je n'ai eu que des problèmes». Vous pouvez être de cet avis et vous mettre en colère contre Elle, parce qu'Elle vous met des bâtons dans les roues et vous rend malheureux. Mais cette attitude doit changer et vous devez comprendre dans quelle intention Elle crée les obstacles au lieu de vous demander pourquoi vous souffrez tant par la grâce d'Amma. Que nous dit Amma? Qu'il faut surmonter les obstacles par une sadhana intense. C'est cela le but. Quand vous souffrez, que vous vous débattez et que vous avez des problèmes, appliquez les principes spirituels pour les surmonter. Comment les surmonter ? Vous ne réussirez peut-être pas à éliminer les problèmes. Alors, il s'agit de ne pas en être affecté, de les accepter, de s'abandonner à la volonté de Dieu. Voilà ce que signifie «surmonter les obstacles». Et Amma dit que tant que notre abandon de nous-mêmes n'est pas complet, il y aura toujours des difficultés. Car elles surgissent pour nous permettre de développer cette attitude d'abandon complet de soi-même à la volonté de Dieu, du guru. Alors l'ego se dissout et vous êtes plein du guru. Il n'y a plus d'obstacles, tout est paix et béatitude. L'obstacle ne peut surgir que tant qu'il y a une résistance. Lorsque vous êtes plein de béatitude, lorsque vous êtes parfait, la question de l'obstacle ne se pose plus.

Utilisez donc vos difficultés, vos inquiétudes et vos ennuis pour atteindre cet état d'abandon complet de soi-même et ainsi les dépasser.

> *«La spiritualité n'est pas pour les paresseux. Les difficultés que l'on rencontre au niveau subtil sont plus graves que les soucis du monde extérieur. Celui qui dédie tout à un satguru n'a rien à craindre.»*

C'est la conclusion d'Amma. Oubliez les difficultés de la vie quotidienne, matérielle. Il y a des choses beaucoup plus difficiles, auxquelles on se heurte quand on essaie de purifier le mental. C'est beaucoup plus difficile que de résoudre les problèmes de la vie extérieure. Mais ne vous inquiétez pas, tous les obstacles seront surmontés. Il n'y a rien à craindre si vous avez pris refuge dans un satguru comme Amma.

Om Namah Shivaya !

Satsang San Ramon
Cassette 11 - Face B

Christ, l'avatar - 1

Je suis très heureux de vous voir tous ici en ce soir de Noël. Le mot *dharma*, que tout le monde connaît je pense, a plusieurs sens.

Les Bouddhistes disent : «Je prends refuge dans le dharma, le Bouddha et le sangha (la communauté).» Un des sens de dharma est : «la conduite juste», ce qui inclut la manière d'agir, de penser et de parler, à tout instant. Et sans le dharma, les êtres humains en seraient réduits à mener une vie animale. Vous connaissez le mode de vie dans le royaume animal. La vie de l'homme qui est un loup pour l'homme (homo homini lupus) relève de ce mode de vie. Un loup ou un animal sauvage dans son milieu naturel est constamment sur le qui-vive. Pourquoi ? Parce qu'il craint toujours de se faire dévorer et qu'il cherche lui aussi une proie. Cela fait également partie de la nature humaine. Si la science du dharma n'existait pas, si l'humanité ignorait le dharma, elle régresserait au niveau de l'animal, parce que nous avons tous en nous cette nature animale. Nous avons beaucoup de choses en commun avec les animaux : nous avons faim, nous nous accouplons, nous dormons, nous nous mettons en colère, nous haïssons, nous avons des désirs.

Mais les animaux n'ont pas l'intelligence des êtres humains. Cette intelligence, nous pouvons l'employer à de nombreuses fins mais, en gros, elle a deux usages fondamentaux : d'une part, les êtres humains s'en servent pour se rendre la vie plus confortable. La vie dans le monde moderne se résume à une seule chose : toujours plus de confort. C'est le but de toutes les inventions modernes. D'autre part, l'intelligence humaine peut aussi nous servir à atteindre la paix intérieure.

Il s'agit de la paix intérieure de l'individu et quand de nombreux individus connaissent la paix intérieure, l'humanité entière connaît cette paix. Donc la paix et le confort, voilà ce que nous pouvons atteindre. Mais ce qui nous intéresse aujourd'hui, nous qui jouissons du confort, c'est la paix intérieure. C'est ce qui nous amène ici, à l'ashram. Nous y trouvons un peu de paix intérieure. Et cela nous incite à y revenir fréquemment.

Tous les grands saints et sages de l'humanité, toutes les traditions éclairées nous enseignent cette sorte de dharma. Le dharma nous permet d'apaiser notre esprit et en conséquence d'instaurer la paix dans le monde.

Quoi qu'il en soit, s'il est bon de vivre en accord avec le dharma, la tradition nous dit que nous vivons dans le kaliyuga, c'est-à-dire l'ère des conflits ; le mot kali signifie combat, lutte.

Il suffit de lire les journaux ou de regarder la télé pendant cinq minutes à l'heure des informations. Qu'apprenons-nous ? De mauvaises nouvelles, bien sûr. Que se passe-t-il dans le monde ? Des guerres, des conflits, de la violence. Et cela ne date pas d'aujourd'hui. Ces combats, ces luttes, c'est le signe du kaliyuga. Et quelle est la cause des conflits ? L'égoïsme.

On peut donc dire que le kaliyuga est l'ère de l'égoïsme.

Et si nous lisons les enseignements d'Amma, Elle ne cesse de répéter que l'égoïsme est la source de notre malheur. Nous avons de nombreuses raisons d'être malheureux. Parfois la raison est évidente : «Un tel m'a dit cela» «Un tel m'a obligé à faire cela» ou bien «J'ai échoué à mon examen». Mais tous, enfants ou adultes, il nous arrive aussi d'être malheureux sans savoir pourquoi. Il existe d'autres raisons, plus subtiles, invisibles. Nous ne les connaissons pas. Il s'agit peut-être d'actions accomplies dans des vies passées et tout à coup, sans comprendre pourquoi, nous nous sentons malheureux. Essayons d'en trouver la cause. C'est un des usages de l'intelligence humaine : trouver la cause des problèmes.

Selon Amma, selon les Ecritures, il existe différentes causes à ce sentiment d'être malheureux. Il peut y avoir une cause immédiate : «Un tel m'a dit ceci.» Puis il y a une cause profonde que nous allons maintenant analyser. Et il y a encore une cause primaire, qui a engendré la cause profonde.

Puisque c'est Noël, prenons l'exemple de Scrooge.

(Scrooge est la figure principale de la pièce de Charles Dickens : A Christmas Carol, traditionnellement jouée à Noël. C'est l'histoire d'un vieil avare que tout le monde déteste et qui opprime ses employés. Le soir de Noël, il a la vision du fantôme de son ancien associé qui vient lui donner un avertissement, lui parle de l'au-delà et de l'enfer qui l'attend s'il continue ainsi. Il revoit le passé, comment il a choisi l'argent lorsqu'il a dû choisir entre l'argent et l'amour. Il voit aussi le présent, la souffrance de ses employés et de leur famille ; le matin de Noël, Scrooge est transformé, il devient généreux et distribue des cadeaux à tous. N.d.t.)

Scrooge était très égoïste. J'ignore s'il a réellement existé mais il est sûr que de tels gens existent. Il a cru trouver le bonheur en étant égoïste. C'est la nature humaine, beaucoup de gens font la même chose, peut-être pas autant que lui ni de la même manière, mais en partant du même principe : être heureux en se montrant égoïste.

Et qu'est-il arrivé ? Non seulement il était malheureux, mais tous ceux qui le connaissaient, eux aussi, souffraient. C'est comme une maladie contagieuse. Il ne savait sans doute pas pourquoi il était malheureux. C'est tout le mystère de l'égoïsme : les égoïstes sont malheureux sans savoir pourquoi. Ils n'ont même pas conscience de fonder leur vie sur l'égoïsme.

Dans le cas de Scrooge, la cause réelle est donc l'égoïsme. La cause secondaire, ce sont peut-être les circonstances. Tout le monde le hait, il en est triste.

Mais il existe une cause encore plus subtile. Quelle est l'origine de l'égoïsme ? Nous approchons de la vérité.

Les Ecritures, le Védanta, enseignent que l'origine de l'égoïsme est ajnana, c'est-à-dire l'ignorance, le contraire de jnana, la connaissance. Ajnana est une chose réelle, plus réelle que cette table. C'est en vérité la cause de l'univers. Ajnana est la force qui nous fait oublier que nous sommes esprit, sat-chit-ananda (pur être-conscience-béatitude). Nous avons alors l'illusion que le corps et le mental sont notre être réel. Nous sommes tous ici profondément endormis dans le rêve d'ajnana, tous sans exception.

Bien que nous soyons profondément endormis dans le rêve d'ajnana (Maya), nous dit Amma, nous avons malgré tout le désir de faire l'expérience de notre Soi réel. Ce désir ardent est gravé en nous, il est impossible de l'effacer.

Si je demande à l'un d'entre vous : «Désirez-vous réaliser le Soi ?» beaucoup répondront : «Non merci, ça ne m'intéresse pas. J'ai mes problèmes, j'aime les bhajans, j'aime le darshan d'Amma, j'aime le repas indien après le satsang, mais réaliser le Soi, ça ne m'intéresse pas tellement. D'abord qu'est-ce que c'est, le Soi ? Je ne viens pas pour ça.»

Mais d'autres ont envie de réaliser Dieu. Et Amma déclare qu'en réalité la réalisation du Soi, atmasakshatkara nous concerne tous. Pourquoi ? Parce que le Soi est sat-chit-ananda : sat : existence pure ; tout le monde veut vivre éternellement, personne ne veut mourir. C'est le désir de sat. L'existence éternelle est la nature de l'atman. Et comme nous le verrons tous un jour, lorsque nous quittons le corps, notre existence continue. Le corps inerte reste ici-bas mais nous, l'atman, nous le quittons. La conscience, la vie ne sont pas anéanties. Voilà pour sat.

Ensuite chit, qui signifie conscience, intelligence, connaissance. Personne ne veut être ignorant, tout le monde désire apprendre autant que possible. Personne ne veut d'une connaissance limitée. «Si seulement je savais cela, ce serait bien !» C'est le désir de chit, la conscience, la connaissance.

Enfin ananda, tout le monde connaît ce terme, c'est la béatitude. Tout le monde veut être heureux. Ce désir ne nous quitte pas une seconde. Et tout ce que nous faisons, même simplement se gratter l'oreille, bâiller, parler, écouter, manger, c'est uniquement pour être heureux. Donc, malgré nous, nous désirons être sat-chit-ananda. Et nous le sommes, simplement, nous ne le savons pas.

Comme nous ne percevons pas l'atman pur, car nous ne sommes pas aptes à recevoir cette expérience, nous cherchons d'autres moyens. Par exemple, nous essayons d'être en bonne santé. Nous faisons tout pour que notre corps reste sain. Nous sommes prêts à tout pour ne pas mourir. Nous étudions autant que possible pour être savants. Et il va sans dire que nous faisons tout notre possible pour être heureux.

C'est notre Soi que nous essayons de réaliser mais par des moyens limités. Il est vrai que nous obtenons ainsi un certain bonheur, un certain degré de réussite, car les sens et l'intellect peuvent nous procurer le bonheur, la paix, le succès et le contentement. Mais jusqu'à un certain point. Ensuite, quand nous avons fait le tour de toutes les expériences, toutes les âmes parviennent à un point où elles se rendent compte que, quoi qu'elles fassent, elles ne sont jamais complètement satisfaites. Rien n'éteint le désir brûlant qui les consume : trouver la béatitude.

Nous sommes toujours agités, nous ressentons un manque que nous croyons combler de telle ou telle manière, en cherchant ici ou là. C'est là que la spiritualité intervient.

Et, puisque c'est aujourd'hui Noël, voici ce que dit le Christ : «Soyez parfaits comme l'est votre Père au Ciel.» (Matthieu, V, 48)

Il ne dit pas : «Devenez parfaits.» L'atman est déjà la perfection, c'est la béatitude, mais il nous dit d'en prendre conscience, d'en faire l'expérience.

Le but de la vie spirituelle, de la vie mystique, c'est donc de faire l'expérience de Cela. C'est ce que les Hindous appellent le samadhi. En Malayalam familier, quand quelqu'un s'endort, on dit qu'il est en samadhi. Mais ce n'est pas ce samadhi-là qui nous intéresse.

Samadhi, c'est faire l'expérience directe de notre svarupa, de notre nature réelle en tant qu'atman : ce qui donne vie au corps et lui permet de bouger.

Le fait est que, tant que vous êtes vivant, vous pouvez bouger seul, même si vous pesez cent kilos. Vous marchez, vous vous déplacez sans problème. Mais quand vous quittez le corps, il faut six personnes pour soulever ce tas de chair.

Qu'est-ce donc qui soulève et bouge le corps, qui fait travailler le mental ? C'est le Soi, l'atman. Seule l'expérience du samadhi (les Bouddhistes parlent de satori ou de l'illumination, les Chrétiens de l'union mystique avec Dieu) nous permet de goûter la béatitude du Soi. Mais pour y parvenir, il nous faut remplir les conditions requises. Toutes les traditions parlent de la même chose, elles utilisent simplement des mots différents. Il est possible d'obtenir cette expérience, de connaître Cela, sous certaines conditions.

C'est comme une expérience dans un laboratoire de chimie. Le professeur dit : «Je veux que vous fabriquiez tel produit chimique et c'est à vous de trouver les ingrédients, les proportions, pour obtenir le résultat voulu. Vous n'obtiendrez le produit désiré que si votre manipulation est correcte.» De même, si vous voulez connaître le Soi, vivre l'état de samadhi, il vous faut remplir les conditions et ces conditions sont : le dharma.

Une citation d'un des rishis des Védas dit : «J'ai fait l'expérience de cette grande bénédiction, de cette lumière brillante, au-delà de toute obscurité ; toi aussi, tu connaîtras cette vérité et tu transcenderas la mort.»

Alors, quand, au lieu de vivre dans Maya, nous faisons l'expérience directe de l'atman, nous transcendons la mort. Mais il faut que ce soit une expérience directe, comme quand quelqu'un vous pince et que vous le ressentez dans votre corps, dans votre système nerveux. «Aïe». Essayez d'imaginer la douleur que vous ressentiriez si quelqu'un vous pinçait : ce ne sera pas la même chose. En ce moment, nous parlons de Dieu, de l'atman. Mais ce n'est pas comparable à l'expérience réelle de l'atman qui dissipe les ténèbres de Maya, qui nous permet de voir notre véritable Soi. C'est comme si un miroir nous permettait de voir notre être réel.

Le Christ dit la même chose : «Et vous connaîtrez la Vérité (avec un grand V) et la Vérité vous libérera.»

De quoi serons-nous donc libérés ? De l'ignorance (ajnana), de l'identification avec le corps-mental qui n'est pas notre Soi réel.

Dharma est donc le moyen d'y parvenir.

Et comment connaître le chemin ? Il existe tant de livres. Chaque tradition a ses livres sacrés. Les Chrétiens ont la Bible, les Juifs l'Ancien Testament, les Hindous ont les Védas et les Pura-nas, les Musulmans ont le Coran, les Bouddhistes le Dharma-pada. Chacun a ses Ecritures, ses shastras. Et que nous enseignent les Ecritures ? Comment faire l'expérience de la réalité, comment connaître la réalité de Dieu, de l'atman. C'est bien, mais cela reste une connaissance de seconde main.

Amma explique donc que périodiquement, par compassion, des mahatmas prennent naissance en ce monde, même dans ce monde moderne avec toutes ses inventions, ses machines et ses découvertes scientifiques. Ils viennent pour témoigner de la Vérité, pour affirmer l'existence de Dieu, de l'atman et parler de la vie spirituelle, de la sadhana. Et de même que l'égoïsme est la caractéristique prédominante des gens du kaliyuga, c'est-à-dire de nous tous, l'abnégation est la caractéristique de ces mahatmas.

Si vous examinez leur vie, c'est pure abnégation, du début à la fin. En Inde, par exemple, il y a eu de grands êtres tels que Sri Rama et Sri Krishna, qui ont vécu il y a des milliers d'années. Depuis, des milliers, des centaines de milliers de personnes, peut-être même des millions, sont eux-mêmes devenus des saints en pensant à eux, en écoutant le récit de leur vie, en s'efforçant de les imiter, d'assimiler toutes leurs vertus. Ils ont été libérés du cycle des naissances et des morts, de cette quête incessante du bonheur. Ils ont goûté la béatitude de l'atman, simplement en se rappelant ces mahatmas, ces personnalités au-delà de l'humain, reconnues de leur vivant. Sri Rama a combattu des milliers de gens, Il a lutté seul contre des êtres démoniaques. Krishna aussi. Ils sont venus dans un but précis. Ils connaissaient leur mission et Ils ont vécu consciemment pour la remplir, contrairement à nous qui ignorons d'où nous venons, où nous allons et pourquoi nous sommes nés. Nous ne savons rien, nous essayons simplement d'être heureux, c'est tout. Amma, par contre, sait exactement pourquoi Elle est ici. Elle sait où Elle va, Elle connaît Sa mission et le moyen de l'accomplir. Elle est là pour donner un exemple aux êtres humains d'aujourd'hui, afin de leur montrer qu'il est possible d'être toujours dans la béatitude, d'être toujours heureux, toujours en harmonie. Il ne s'agit pas simplement d'un texte écrit au sujet duquel on peut penser : «Oh, peut-être que Krishna, Rama ou Christ ont existé, qui sait ? C'était il y a longtemps.» Mais cette tradition n'est pas perdue, aujourd'hui nous avons Amma. Nous La connaissons. Mais l'influence de l'époque moderne est telle que cela paraît irréel. Dieu existe-t-Il ? Qui sait ? Que dire des avatars !

Je veux vous lire quelques mots d'Amma à ce sujet :

«Dieu est Tout-puissant, pourquoi donc douter qu'Il puisse prendre une forme et descendre sur terre pour servir l'humanité, restaurer la paix et le dharma ? Dieu est sans-forme mais Il peut prendre n'importe quelle forme à tout moment s'Il le souhaite. C'est pour jouer Son jeu divin (lila) en tant qu'être humain que Dieu prend forme. Il se comporte alors exactement comme un être humain mais sans jamais oublier intérieurement sa véritable nature. Sri Rama était une incarnation de Narayana (Vishnou) et pourtant, n'a-t-Il pas pleuré quand Sita a été enlevée par Ravana ? Et Sri Krishna a été tué par la flèche d'un chasseur, n'est-ce pas ? Que dire de Jésus ? Il a été torturé et Il a souffert comme un être humain ordinaire. Tous étaient des avatars. Et cependant, tant qu'Ils étaient dans leur forme humaine, Ils ont voulu vivre toutes les expériences qu'un être humain traverse. C'est ce qui fait leur grandeur : Ils ont choisi de souffrir pour donner un exemple au monde alors qu'Ils étaient pleinement conscients de leur divinité. C'est le renoncement suprême et merveilleux des mahatmas : Ils acceptent volontairement de souffrir pour le bien des autres. Il existe en outre une différence visible entre quelqu'un qui est parvenu à la libération grâce à la sadhana et un être qui est né divin : un avatar fait traverser l'océan de la transmigration à des milliers de gens. Il est comme un immense navire capable de transporter des milliers de passagers. Quelqu'un qui est parvenu à la libération grâce à la sadhana n'en a pas la capacité. Un avatar s'incarne avec tous les pouvoirs divins et les manifeste sur une vaste échelle. Dès la naissance, Il a conscience de Sa nature divine. S'il accomplit une sadhana, c'est uniquement

pour donner l'exemple aux autres. Sa puissance est infinie
et Son énergie inépuisable.»

Cela s'applique parfaitement à Amma qui est dotée d'une énergie incroyable. Il suffit de La regarder pendant Ses voyages dans le monde entier : Elle vient à dix heures, termine le darshan vers seize heures, revient à dix-neuf heures trente et S'en va vers trois heures du matin. C'est déjà en soi inhabituel mais ce n'est pas tout. Elle est occupée la plus grande partie du jour et de la nuit à servir tous ceux qui viennent à Elle. Ici, ce n'est que le darshan mais, ensuite, il y a les gens chez qui Elle loge, les lettres qu'Elle écrit à des dévots. Elle est constamment occupée. En Inde, ce sont des dizaines de milliers de personnes qui viennent La voir. Elle reste assise pendant huit ou dix heures ; il y a les Devi Bhavas, les voyages. Jamais de pause, jamais de temps pour Elle-même. C'est cela, une vie d'abnégation, c'est cela, l'énergie inépuisable d'un mahatma.

Fondamentalement, ces mahatmas qui viennent pour améliorer le monde enseignent ce que la Gita appelle le yoga. Ils enseignent la science de la réalisation du Soi. Le karma yoga, par exemple, c'est essayer de s'oublier quand quelqu'un vous demande un service. Au lieu d'avoir le sentiment qu'on nous vole notre temps, qu'on nous demande de sacrifier nos aises, prenons-le comme l'occasion de faire du karma yoga. Et offrons ensuite cette action à Dieu ou au guru comme une adoration, afin de Lui plaire et de recevoir sa grâce. Si nous agissons ainsi, peu à peu, notre esprit se remplit de pensées divines. Les pensées dispersées concernant le monde de la matière disparaissent, le mental devient calme et tranquille et c'est la condition requise pour faire l'expérience du Soi, de Dieu. Voici ce que dit le Christ au sujet du karma yoga :

«Ce que tu as fait au plus petit d'entre les miens, c'est à Moi que tu l'as fait.» (Matthieu, XXV, 40)

Il s'agit donc de servir l'humanité en offrant ce service à Dieu.

Quant au bhakti yoga, que la plupart des religions enseignent, cela consiste à faire fondre l'ego illusoire dans la réalité qui est en chacun de nous, Dieu, l'atman. C'est possible grâce à l'amour ou à différentes pratiques dévotionnelles. Christ dit : «Tu aimeras le Seigneur ton Dieu de tout ton cœur et de toute ton âme.» (Matthieu, XXII , 37). C'est-à-dire pas seulement pendant les rituels, les bhajans, les satsangs ou en allant au darshan d'Amma. Tout notre être, notre esprit et notre cœur ne devraient être occupés que de la pensée du guru, de Dieu, aucune autre pensée ne nous venant à l'esprit. Imaginez un tel degré de dévotion. C'est la véritable bhakti : ne penser à rien d'autre. Les pensées coulent comme une rivière vers l'océan de Dieu. C'est le fruit de la sadhana. C'est notre but. Le moindre effort compte. C'est ce que Krishna enseigne dans la Bhagavad Gita. Ne soyez pas effarés à l'idée que toutes les pensées doivent disparaître et qu'il ne doit plus en rester qu'une. C'est possible, il faut simplement essayer et mettre un pied devant l'autre. Chaque pas nous rapproche de Cela.

Et enfin jnanayoga consiste à renoncer à l'irréel. Le Christ parle beaucoup de bhakti, Il parle tout autant de jnana. Il dit :

«Amasse des trésors dans le ciel où ils seront à l'abri des mites, de la rouille et des voleurs.»

Qu'est-ce que cela veut dire ? S'agit-il d'envoyer par virement tout notre argent à Brahmaloka, Vaikunta ou Kailas ? «Seigneur, garde mon argent en sécurité jusqu'à ce que j'arrive.»

Vous vous rappelez l'histoire que nous racontions l'autre jour ? Il s'agit de l'homme riche qui croyait que sa fortune ne le quitterait jamais. Son guru lui a donné une épingle en lui disant : «Garde cette épingle pour moi. Je la reprendrai dans l'autre monde.» Le riche a conservé l'épingle et sa femme lui a dit : «Que tu es sot ! Que feras-tu de cette épingle ?» «Que veux-tu dire ?»

«Ne comprends-tu pas ce qu'il voulait dire ? Réfléchis un peu ! Pourras-tu emporter cette épingle avec toi lorsque tu mourras ? Tu laisseras tout, l'épingle, la maison, l'argent, ton corps, tout. Tu n'emporteras que toi-même et tes actions (karmas), c'est tout !» Alors, il a compris qu'il ne devait pas s'attacher à tout cela. C'est ainsi que son guru le lui a enseigné. C'est exactement ce que dit le Christ. Vos bonnes actions, c'est ce que vous emportez avec vous à votre mort. Rien d'autre. Et comment tout emporter ? Si je possède des tonnes d'or et que je veux les transporter à New York, comment faire ? C'est très lourd, il faudrait beaucoup de valises impossibles à soulever. La solution, c'est de le convertir et d'en faire un chèque que j'emporte avec moi. Toute notre richesse, notre santé, nos possessions, il est possible de les convertir en bonnes actions qui ne périront pas. Donner au lieu de prendre, c'est le moyen d'effectuer la conversion et de tout emporter. Et quand nous quitterons le corps, nous en disposerons.

Om Namah Shivaya !

Satsang San Ramon
Cassette 12 - Face A

Christ, l'Avatar - 2

Lisons donc quelques paroles du Christ. Aujourd'hui encore, deux mille ans après, Ses paroles sont pleines d'énergie spirituelle et de puissance. C'est pourquoi on Le révère, et non à cause de tous les miracles qu'Il a faits. Les miracles ne sont pas très importants. Quand on se livre à une ascèse, il arrive que des miracles se manifestent. Mais ce n'est pas l'essentiel. L'essentiel, c'est que les paroles du Christ émanent de la Réalité, du Soi, puisque c'était un être réalisé. Et elles nous inspirent encore aujourd'hui, après tant d'années, malgré toutes les traductions, toutes les interprétations des différents disciples. Il y a tout le Nouveau Testament, voyons ce que nous aurons le temps de lire.

Le Christ dit :

«La Loi de Moïse (la Loi du peuple Juif et Jésus était juif) dit : 'Oeil pour œil, et dent pour dent.' (C'est la Loi : rendre à l'autre la monnaie de sa pièce.) Mais je vous dis : ne résistez pas à la violence. Si quelqu'un vous frappe sur la joue droite, tendez-lui la joue gauche. Si quelqu'un veut plaider contre vous et prendre votre tunique, donnez-lui aussi votre manteau. Si quelqu'un vous force à faire un kilomètre avec lui, accompagnez-le pendant deux kilomètres. Donnez à ceux qui demandent et ne repoussez pas ceux qui viennent pour emprunter. » (cf Matthieu V, 6 ; Sermon sur la Montagne.)

Chacune de Ses paroles indique cet état d'être, l'union avec Dieu, le fait d'être l'atman au lieu d'être l'ego égoïste qui désire se venger et prendre, qui convoite. Voyez que toutes les paroles du Christ nous montrent le Divin, au lieu de l'ego.

> *«Il est dit : 'Aime tes amis et hais tes ennemis.', mais je vous dis : 'Aimez vos ennemis, priez pour ceux qui vous persé-cutent.' Vous agirez ainsi en véritables fils de Dieu. Car Il fait briller le soleil sur les méchants comme sur les bons, Il envoie la pluie aux pécheurs comme aux justes. Si vous n'aimez que ceux qui vous aiment, quel intérêt ? Même les scélérats en font autant. Si vous ne témoignez de l'amitié qu'à vos amis, que faites-vous d'extraordinaire ? Soyez donc par-faits, comme votre Père céleste est parfait. Vous êtes parfaits.» (cf. Matthieu V, 43 – 48)*

Ne vous comportez donc pas comme un animal ou comme un homme qui est un loup pour l'homme et qui n'a que faire du dharma. Voilà ce que dit le Christ. Soyez divin. Si quelqu'un vous demande quelque chose, donnez-le lui. Ne vous contentez pas d'aimer votre famille et vos amis, aimez tous les êtres. Comme Amma. Nous avons la chance unique d'avoir Amma qui est un être éveillé. Elle est vivante, nous pouvons La voir, et Elle est l'incarnation de tous ces enseignements. A chaque parole du Christ, vous pouvez penser à Amma : «Priez pour vos ennemis, aimez vos ennemis.» Qu'a fait Amma ? C'est exactement ce qu'Elle a fait. Son propre cousin a essayé de La tuer, il a voulu Lui planter un couteau dans la poitrine. Et il s'est effondré. Qu'a-t-Elle fait le lendemain ? Elle est allée le voir à l'hôpital où il était mourant. Personne ne sait pourquoi, il s'est mis à vomir du sang dès qu'il a essayé de La tuer. Et Elle, qu'a-t-Elle fait ? Que feriez-vous si quelqu'un venait et tentait de vous tuer simplement parce qu'il ne vous aime pas ? Jamais vous ne lui pardonneriez, jamais vous ne voudriez revoir cette personne. Et Amma ? Le lendemain Elle est allée à l'hôpital et Elle lui a frotté la poitrine, le front, Elle a cuisiné un plat qu'il aimait pour le lui apporter et l'a nourri de Ses propres mains. Qu'est-il arrivé ? Il a fondu en larmes. Il a compris que Maya avait obscurci son esprit. Mais il est mort tout de même, parce qu'il est impossible de faire cela à un être uni à Dieu sans en recevoir des répercussions immédiates.

«N'amassez pas de trésors sur la terre, où la teigne et la rouille les détruisent, où les voleurs les dérobent. Amassez des trésors dans le Ciel, où ils ne perdront jamais leur valeur et seront à l'abri des voleurs. Car là où est ton trésor, là aussi est ton cœur.» (cf. Matthieu, VI, 19)

L'enseignement du Christ peut s'interpréter de différentes manières, l'enseignement d'Amma aussi. Il existe un point de vue superficiel ou religieux, qui a sa valeur ; il y a aussi l'enseignement spirituel. Il est vrai qu'il existe un Ciel et que les êtres bons vont au Ciel. Mais ce n'est pas de cela qu'Il parle. Il s'agit de ne pas s'attacher aux choses de ce monde. Nous pouvons les utiliser, nous en avons besoin, tout le monde a besoin d'argent et de biens. Mais cela ne devrait pas être le but de notre vie, cela ne devrait pas occuper notre esprit tout entier. Même si vous êtes très religieux, si vous vous asseyez pour méditer et que vous ne pouvez pas vous concentrer sur Dieu ni calmer votre esprit, cela veut dire que vous n'êtes pas une personne spirituelle. Vous croyez en Dieu, vous avez foi en Amma, vous faites des pujas, des archanas et beaucoup d'autres choses, mais quand vous essayez de méditer, votre esprit ne reste pas tranquille un seul instant. Vous avez beau être religieux, vous n'êtes pas encore très spirituel. Pourquoi le mental vagabonde-t-il ainsi ? C'est qu'il est matérialiste. Quand l'esprit est attaché, il est sans cesse préoccupé de choses matérielles. Alors il est agité. Les objets matériels ne peuvent calmer le mental, ils ne font que le rendre encore plus agité. La seule manière d'apaiser le mental, c'est de le détacher de tous ces objets et de le faire reposer à l'intérieur. C'est ce que dit le Christ. Si votre trésor est dans le Ciel, votre cœur y demeurera aussi. Là où sont nos pensées, là est notre cœur. Si notre esprit est constamment préoccupé de choses matérielles, on ne peut pas parler de dévotion ; ou bien il s'agit d'une dévotion partielle et non réelle, entière. Une partie de la dévotion est tournée vers les objets matériels, une autre partie vers Amma, vers Dieu. Voilà ce qu'Il enseigne dans chacune de Ses paroles. Je suis surpris de voir combien de gens, même parmi les Chrétiens, n'ont jamais lu les paroles du Christ. C'est une des grandes âmes de l'histoire de l'hu-manité.

> *«Si ton œil est pur, le soleil brillera dans ton âme. Mais si ta vision est obscurcie par de mauvaises pensées et de mauvais désirs, tu es dans de profondes ténèbres spirituelles. Et comme ces ténèbres ont profondes !» (cf Matthieu, VI, 22-23)*

Ici, l'expression «si ton œil» ne signifie pas l'œil physique, mais l'œil du mental. Si le mental est pur, si vous n'avez pas de pensées négatives, alors vous ne voyez partout que la lumière, que la présence de Dieu, la lumière de la Conscience qui est en tout. Mais si l'esprit est entaché de pensées négatives, il est impossible de voir cette lumière. Le seul écran qui masque cette lumière divine, ce sont nos pensées. Il suffit d'y travailler – ce n'est pas impossible. Ne pensons pas : «Qu'y puis-je ? Mon mental est un chaos complet, je ne peux pas progresser.» C'est faux. C'est nous qui créons le chaos et c'est nous qui purifions le mental. C'est ce que dit Amma. Le guru ne peut pas le faire pour nous. Il nous donne les enseignements, il nous montre le chemin, comment nettoyer la maison, mais il ne va pas entrer et la nettoyer à notre place. Qui a créé ce désordre ? C'est bien nous. C'est donc à nous de nettoyer. Nous ne pouvons pas engager un serviteur pour le faire à notre place, car cette maison se trouve à l'intérieur, non à l'ex-térieur.

«Nul ne peut servir deux maîtres, Dieu et l'argent. Car vous haïrez l'un et aimerez l'autre ou bien inversement.» (cf. Matthieu, VI, 24)

Le Christ ne dit pas qu'il ne faut pas avoir d'argent, qu'il faut choisir entre l'un ou l'autre. Mais si vous désirez percevoir la présence de Dieu, si vous voulez connaître cette expérience, et non vous contenter de lire ou de faire un peu de ceci ou de cela, alors il faut vous y consacrer totalement, à cent pour cent. Si votre esprit est préoccupé de choses matérielles, il est impossible de le concentrer en le retirant au cœur de votre être, là où est Dieu.

«Je vous le dis : ne vous inquiétez pas de choses telles que nourriture, boissons et vêtements, car vous avez déjà la vie et un corps qui sont beaucoup plus importants que la nourriture et les vêtements.»

A qui s'adresse-t-Il ici ? La Bible est accessible à tous, mais Il parle ici à Ses disciples. Il se déplace beaucoup et fait de nombreux miracles. Il guérit les malades, Il ressuscite les morts, etc... Il n'arrête pas une minute. Comme Amma, Il est constamment occupé et plein d'abnégation, Il consacre Sa vie à soulager les gens et à leur inspirer de la dévotion par son exemple. Mais Il a aussi Ses douze disciples qui Le suivent partout. La foule suit Jésus et que veut-elle ? Ces centaines et ces milliers de gens, que veulent-ils ? Quatre-vingt-quinze pour cent veulent à manger, à boire, des vêtements, ils veulent être guéris de leurs maladies, ils veulent du travail, etc ... Il n'y a aucun mal à cela, tout le monde en a besoin. Mais en ce qui concerne Jésus et la raison de Sa venue en ce monde, Il n'est pas venu satisfaire ces désirs-là. Bien sûr, Il les exauce, comme le fait Amma, mais ce n'est pas le but essentiel de l'incarnation.

Quand Il veut parler de ce qui L'intéresse vraiment, Il dit aux disciples : «Allons sur la montagne et parlons.»

Il a donc appelé les douze et ils sont allés sur la montagne. Telle est la raison de ce discours. Si vous parlez ainsi à des gens que la spiritualité n'intéresse pas, dès le premier mot ils feront des objections : «Comment peux-tu dire des choses pareilles ? N'avons nous pas besoin d'argent, de vêtements, de nourriture, de ceci ou de cela ?» Il ne s'adresse donc pas à tous mais à ceux qui sont sérieusement intéressés par la vie spirituelle, qui en ont assez de tout ça : ils ont autant d'argent qu'ils veulent, des vêtements, de la nourriture et ils ne sont pas satisfaits. Ils ont eu tous les jouets qu'ils voulaient mais ils veulent quelque chose de plus profond. Ce sont les disciples et Il savait qui ils étaient. En passant, sur la route, Il dit : «Suis-moi ! Tu es pêcheur ? Je te ferai pêcheur d'hommes, tu prendras les hommes dans tes filets.» (cf. Matthieu IV, 19-20) Exactement comme Amma. Elle est fille de pêcheur, non ? Elle attrape les êtres humains, Elle les coupe en morceaux, les fait frire, les avale, les digère et les unit à Elle. C'est un peu différent mais ici, Christ leur enseigne à attraper les êtres humains. C'est une chose étrange. Dieu vient en ce monde et veut attraper autant d'âmes qu'Il le peut parmi celles qui errent dans l'océan de la vie et de la mort, qui coulent et nagent, connaissent des naissances et des morts successives, et Il entraîne tout un groupe de gens, Il leur montre comment appâter et lancer l'hameçon. C'est une réalité. Cela ne s'est pas produit seulement il y a deux mille ans, cela se produit aujourd'hui. Nous lisons dans la Bhagavad Gita les paroles de Krishna et aujourd'hui ,Amma nous donne exactement le même message. (Krishna vécut il y a cinq mille ans environ, trois mille ans avant le Christ)

Ainsi, le Christ faisait la même chose qu'Amma. Dieu a fait une copie au carbone.

«C'est pourquoi je vous dis : « Ne vous inquiétez pas de votre nourriture ni de vos vêtements. Regardez les oiseaux du ciel, ils ne sèment ni ne récoltent, ils n'amassent pas non plus de nourriture, car Dieu les nourrit. Ne valez-vous pas beaucoup plus qu'eux aux yeux de Dieu ? Ces inquiétudes prolongeront-elles votre vie un seul instant ? Pourquoi vous inquiéter de vos vêtements ? Regardez les lys des champs, ils ne filent ni ne tissent, et pourtant je vous dis que Salomon, dans toute sa gloire, n'a jamais été aussi magnifiquement vêtu. Si Dieu s'occupe ainsi des fleurs des champs, qui fleurissent aujourd'hui et flétriront demain, ne s'inquiétera-t-Il pas beaucoup plus de vous ? Ô hommes de peu de foi, ne vous souciez donc pas d'avoir assez de nourriture ou de vêtements.» (Matthieu, VI, 25)

Ici, attention au piège. Je ne vais rien faire, je vais me tourner les pouces et Dieu me nourrira, tout ira bien. Pourquoi aller à l'école, pourquoi travailler ? Je peux rester assis devant la télé toute la journée, Dieu S'occupera de moi.

Eh bien, pas du tout, personne n'a jamais dit cela ! De qui Dieu S'occupe-t-Il donc ? De celui qui Lui donne la première place dans sa vie et qui vit selon Sa volonté. Autrement dit, si vous voulez vivre sans avoir à gagner votre pain, il faut vous donner entièrement à Dieu, bref devenir un saint. Alors Dieu S'occupera de vous. Sinon, il vous faudra pourvoir à vos besoins. Si vous êtes prêts à vivre ainsi, c'est bien, c'est très bien, ceux qui l'ont fait ne sont pas si nombreux et aucun d'entre eux n'est jamais mort de faim, aucun ne s'est jamais promené tout nu, ils avaient tous des vêtements. Oui, Dieu S'occupera de vous, si vous observez en tout

Sa volonté. Mais si vous ne le faites pas en tout, alors vous devez subvenir à vos besoins.

«La porte du Ciel est étroite. La route de l'enfer est large, l'entrée est spacieuse, ouverte aux multitudes qui choisissent la voie de la facilité. Mais la porte qui ouvre sur la vie divine est étroite, le chemin est étroit, et peu nombreux sont ceux qui le trouvent.» (Matthieu VI, 7)

Que veut-Il dire ? Qu'est-ce que le Ciel ? Chaque fois que le Christ parle du Ciel, Il parle de cette Conscience divine, de la conscience de Dieu, de l'état de samadhi.

Il dit que l'entrée est étroite. Ce qui veut dire : votre mental doit être concentré en un seul point, il ne doit pas contenir une seule autre pensée que celle de Dieu. Alors, vous pouvez passer la porte du Ciel, accéder à la Conscience divine. Où se trouve cette porte ? Inutile de prendre l'avion et de monter dans le ciel. C'est en vous, même pas dans votre corps, mais dans votre esprit. La porte du Ciel, le Ciel lui-même, Dieu Lui-même demeure dans votre mental mais l'entrée est très étroite, parce qu'il faut rassembler toutes les pensées disciplinées, toute votre énergie et les tourner vers la source des pensées. Alors la porte s'ouvre et vous voyez cette lumière éclatante, vous entrez, vous baignez dans cette lumière et vous vous unissez à cette béatitude. Mais cela ne concerne que peu de gens. La plupart des gens ne s'y intéressent pas, ils n'ont aucune envie de chercher. Donc, pour les foules, il y a les autoroutes spacieuses qui mènent dans une autre direction. Cela ne signifie pas que ces foules iront en enfer, ce n'est pas cela l'idée. Mais en comparaison de cette béatitude, tout le reste est l'enfer. A côté de la béatitude infinie de la réalisation, tout le reste n'est que néant.

Il se fait tard. Pour résumer une longue histoire, le Christ a donné ces enseignements partout où Il allait. Vous imaginez comment c'était reçu par le grand public. La plupart des gens n'aimaient pas ce qu'Il disait, ce n'était pas à leur goût. C'était un avatar mais ils Le considéraient comme un fauteur de troubles. Si le Christ était né en Inde, Il aurait fait partie de la liste des avatars, comme Krishna ou Rama, qui n'ont pas été persécutés par le peuple. Mais Il est né en Galilée et, à l'époque, les gens n'ont pas compris qui Il était. Ils ont comploté afin de le tuer. Il est passé en jugement, Il a été condamné. Pour quel crime ? Aucun. Même Pilate, le gouverneur romain, a déclaré : «Je ne vois rien de mal en lui. Quel crime a-t-il donc commis ?» Mais ceux qui se sentaient menacés par le message spirituel du Christ ont répondu : «Non, il faut nous débarrasser de lui, d'une manière ou d'une autre.» Pilate a fini par dire : «Je ne veux rien avoir à faire avec cela, je m'en lave les mains.» Alors Jésus a été tué, Il a été cloué sur une croix. C'est pourquoi dans les églises, il y a une croix. C'est le symbole de Son sacrifice. Pourquoi était-ce un sacrifice ? Il avait tous les pouvoirs, c'est ce que dit Amma. Krishna, Rama, le Christ, personne ne pouvait Les tuer, personne ne pouvait Les toucher, exactement comme le cousin d'Amma n'a pas pu La toucher. Mais Ils ne font pas usage de ce pouvoir. Le Christ voulait donner un exemple d'abandon total de soi-même à la volonté divine. Il a voulu montrer au monde cet état sans ego, cet état d'abnégation totale. Et c'est un grand exemple. Une grande partie de l'humanité Le considère comme un être divin et trouve ainsi la paix intérieure, cultive la dévotion, tout comme d'autres considèrent Krishna ou Rama comme leur avatar, leur Dieu. Après la mort de Jésus, un de Ses disciples, Joseph d'Arimathie, enveloppa le corps dans un linceul et le déposa dans un sépulcre taillé dans le roc qu'il ferma avec une grosse pierre. Au bout de trois jours, Ses proches disciples, Marie-Madeleine, Simon-Pierre et Jean, trouvèrent le sépulcre vide. Il avait dit : «Je détruirai ce temple et je le reconstruirai en trois jours.» Il parlait du corps, qui est le temple de Dieu parce qu'en chacun brille le Paramatman, l'atman. Mais personne n'a compris. Puis Il est apparu aux disciples. C'est ce que disent les mahatmas : bien qu'Ils quittent leur corps physique, cela ne se passe pas pour eux comme pour les êtres ordinaires, qui sont dans la confusion. Car Ils ne sont pas venus sur terre à cause de leur karma, mais de leur propre volonté. Ils partent quand Ils le veulent. Et Ils peuvent être avec nous, même après la mort. Amma nous dit :

> *«Mes enfants, où que vous soyez, je suis avec vous. Aujourd'hui, et même dans l'au-delà, si je pars, je suis avec vous ; si vous partez, je suis avec vous.»*

Parce qu'Amma voit l'univers entier en Elle-même. Elle ne Se perçoit pas comme un corps physique limité. L'univers entier Lui apparaît comme une bulle à l'intérieur d'Elle-même. Rien n'existe en dehors de Cela. Le Christ a dit quelque chose de semblable et je veux vous le lire.

Il est donc apparu aux disciples stupéfaits. Ils ont reçu un véritable choc. Ils n'étaient pas encore de grands sadhaks à l'époque, ils n'avaient passé que peu de temps avec Lui. Et pourtant, ils sont admirables parce qu'ensuite, ils ont marché sur Ses traces, ils ont suivi Son enseignement et beaucoup ont subi le martyre, comme Lui.

Voici ce que dit le Christ :

> *«Tout pouvoir m'a été donné dans le Ciel et sur la terre. Allez et faites des disciples dans toutes les nations, enseignez-leur à obéir en tout à ce que je vous ai dit. Parlez-leur de moi, et transmettez mes paroles. Parce que tout ce que j'ai dit n'avait qu'un but : vous aider à progresser spirituellement. Et par-dessus tout, soyez assurés (c'est le point essentiel, parce que rien d'autre ne nous soutiendra dans les moments*

difficiles) d'une chose : Je suis toujours avec vous, jusqu'à la fin des temps.» (cf. Matthieu, XXVIII, 18-20)

Om Namah Shivaya !

Satsangs, San Ramon
Cassette 12 - Face B